T0249347

El
MANIFIESTO
DE LA REFORMA

CINDY JACOBS

El MANIFIESTO DE LA REFORMA

CASA CREACIÓN
Para vivir la Palabra

Para vivir la Palabra

MANTÉNGANSE ALERTA;
PERMANEZCAN FIRMES EN LA FE;
SEAN VALIENTES Y FUERTES.
—1 CORINTIOS 16:13 (NVI)

El manifiesto de la reforma por Cindy Jacobs
Publicado por Casa Creación
Miami, Florida
www.casacreacion.com
©2008-2021 Derechos reservados

Library of Congress Control Number: 2008921174
ISBN: 978-1-59979-146-3
E-book ISBN: 978-1-955682-01-5

Desarrollo editorial: *Grupo Nivel Uno, Inc.*
Diseño interior: *Grupo Nivel Uno, Inc.*

Publicado originalmente en inglés bajo el título:
The Reformation Manifesto
©2008 por Cindy Jacobs
Bethany House Publishers
is a division of Baker Publishing Group, Grand Rapids, Michigan.
Todos los derechos reservados

Todos los derechos reservados. Se requiere permiso escrito de los editores
para la reproducción de porciones del libro, excepto para citas breves en
artículos de análisis crítico.

A menos que se indique lo contrario, los textos bíblicos han sido tomados de la Santa
Biblia, Nueva Versión Internacional® nvi® ©1999 por Bíblica, Inc.© Usada con permiso.

Nota de la editorial: Aunque el autor hizo todo lo posible por proveer teléfonos y
páginas de internet correctas al momento de la publicación de este libro, ni la editorial
ni el autor se responsabilizan por errores o cambios que puedan surgir luego de haberse
publicado.

Impreso en Colombia

21 22 23 24 25 LBS 9 8 7 6 5 4 3 2 1

Este libro está dedicado con agradecimiento a
Peter y Doris Wagner.
Sin su amor y amistad, nunca estaría donde
estoy hoy día en el ministerio.

CONTENIDO

PREFACIO

El manifiesto de la reforma es claramente un libro para la Segunda Era Apostólica. No creo que la Iglesia hubiera estado preparada para este libro hace diez o quizá quince años; pero la Iglesia está preparada ahora. Una de las muchas cualidades envidiables de Cindy Jacobs es su capacidad para discernir, por medio del Espíritu Santo, el momento preciso y adecuado. El libro que tiene usted en sus manos tiene el potencial de encender el combustible para algunos cohetes secundarios cruciales que harán avanzar de modo mensurable el Reino de Dios en nuestra generación.

¿La Segunda Era Apostólica? Para algunos, este puede que sea un término novedoso. Según mis mejores cálculos, la Segunda Era Apostólica comenzó alrededor del año 2001. Lo que eso significa es que, por primera vez en unos mil ochocientos años, una importante masa del Cuerpo de Cristo reconoce ahora el gobierno bíblico de la Iglesia basado en apóstoles y profetas. Ahora somos testigos del mayor cambio en el modo de hacer las cosas en la Iglesia, al menos, desde la Reforma protestante.

Esta nueva época ha abierto el camino para que el Espíritu Santo comience a revelar algunas cosas a los líderes de la Iglesia que muchos no estaban preparados anteriormente para recibir. La principal entre estas ideas frescas con el potencial para cambiar la historia, se relaciona con el tema de este libro: la reforma. ¿Reforma de qué? Reforma de las sociedades en las cuales vivimos. Cindy Jacobs no está sola a la hora de discernir esto; ella no es una voz que clama en el desierto. Más bien, ella se está uniendo a un coro de líderes de vanguardia del segmento del cristianismo en el que me gusta pensar como de evangélicos con inclinación carismática para proclamar que el Reino de Dios está viniendo aquí a la tierra, tal como es en los cielos, y lo está haciendo con más rapidez de la que muchos han pensado.

Muchos de nosotros, incluyéndome a mí mismo, por demasiado tiempo hemos albergado una perspectiva truncada del Reino de Dios. Comenzamos identificando excesivamente a la Iglesia con el Reino y pasando de ahí a imaginar que nuestra misión era salvar almas y plantar iglesias, y dejar que otros se preocuparan por mejorar la sociedad. ¡Ya no! Jacobs está proclamando un "manifiesto de la reforma". Nosotros también estamos oyendo términos como *transformación social, toma de la ciudad, mandato cultural, retomar dominio,* y *ministerio en el mundo laboral.* Somos mucho más conscientes de lo que hemos sido antes de que solamente ser buenos cristianos y vivir vidas santas, y orar más y adorar fervientemente y dar diezmos de nuestros ingresos —por maravillosas que ciertamente son todas esas cosas— no será por sí mismo suficiente para reformar la sociedad. Necesitamos hacer más de esas cosas, pero también necesitamos unir nuestras manos con las de la sociedad misma, y quizá en el proceso hasta ensuciarnos nuestras manos.

Me encanta el modo en que Cindy Jacobs habla sobre cosas como la Gran Comisión. Yo solía pensar que hacer discípulos a las naciones significaba conseguir que personas fueran salvas y multiplicar iglesias alrededor del mundo. Pero Cindy lo lleva a un nuevo nivel cuando propone que "Jesús no estaba buscando hacer que *personas* cambiaran tanto como estaba buscando hacer que *reinos* cambiaran". Ella argumenta que la historia ha demostrado que los *avivamientos* per se no han producido una transformación social sostenible. ¡El avivamiento no es suficiente! Necesitamos un cambio de paradigma. Cuando ella pasa a la economía bíblica, ¡hasta riñe a San Francisco de Asís! ¿Por qué? Porque él estableció el punto de vista de que "pobreza es igual a espiritualidad y, por tanto, la riqueza es pecaminosa". En oposición a esto, ella defiende que desarrollemos una "mentalidad de abundancia".

Este no es el típico lenguaje religioso. Con frecuencia, no oímos cosas como esas desde nuestros púlpitos, y una razón es que a la mayoría de nuestros pastores "llenos del Espíritu" se les ha enseñado que deberían mantenerse alejados de las cosas mundanas, y que los intereses sociales son normalmente marcas de liberalismo. Pero esto está cambiando con rapidez, y voces proféticas como la de Cindy Jacobs están acelerando el proceso.

El manifiesto de la reforma es al mismo tiempo un libro emocionante y desafiante. Le emocionará, y le molestará. Pero a lo largo de él sé que estará usted oyendo cada vez con mayor claridad lo que el Espíritu está diciendo a las iglesias en estos tiempos. Mi oración es que usted no solo lo oiga, sino que también permita que penetre en su corazón. Si lo hace, se unirá a las filas de esos siervos de Dios con mentalidad del Reino y motivados por el Reino de Dios ¡a los cuales Él anhela usar para cambiar nuestro mundo!

C. Peter Wagner, Apóstol presidente
International Coalition of Apostles

Introducción

Martín Lutero estaba muy preocupado por lo que estaba sucediendo en la sociedad que le rodeaba. El pecado y la corrupción corrían desenfrenados, y estaban destruyendo no solamente las vidas de las personas que él veía cada día en Wittenberg, sino también su esperanza de salvación eterna. La inmoralidad estaba destruyendo sus familias: la estructura de apoyo esencial de la sociedad. El perdón se había convertido en una empresa para hacer dinero por medio de la venta de las "indulgencias": cartas de perdón vendidas por los sacerdotes locales que no tenían nada que ver con el arrepentimiento o la devoción renovada a Dios. Por el contrario, esas indulgencias le daban rienda suelta a la deshonestidad y la decadencia. La Iglesia de la época de Lutero hacía poco o nada para cumplir con el propósito que Jesús había proclamado como su misión:

> El Espíritu del Señor está sobre mí,
> Por cuanto me ha ungido
>   para dar buenas nuevas a los pobres;
> Me ha enviado a sanar a los quebrantados de corazón;
> A pregonar libertad a los cautivos,
> Y vista a los ciegos;
> A poner en libertad a los oprimidos;
>
> A predicar el año agradable del Señor.
>
> Lucas 4:18–19

Así que la víspera del Día de todos los Santos del año 1517 fue cuando Martín Lutero clavó sus Noventa y nueve Tesis en la puerta de la iglesia Castle Church en Wittenberg, comenzando lo que llegaría a conocerse como *la Reforma*. Irónicamente, esas "Tesis" no eran un ataque a la Iglesia sino más bien una reintroducción de lo que realmente significaba el verdadero arrepentimiento y un llamado a regresar a él. Lutero no estaba interesado en convertirse en el líder de una nueva denominación sino que, por el contrario, quería ver el verdadero evangelio liberado otra vez para que hiciera todo lo que Dios había querido que hiciera. No estaba llamando a la revolución, aunque fue eso lo que resultó debido a la terquedad de muchos que estaban en el poder; él estaba llamando al avivamiento.

Fue un movimiento que conmocionó al mundo cristiano de un extremo al otro, y sigue afectándonos en la actualidad. La verdad de Dios ciertamente tiene su manera de cambiar las cosas.

¿Es momento para una nueva Reforma?

Al abrir las páginas de este libro, estoy segura de que se estará preguntando por qué debe haber una nueva reforma. Otros podrían decir: "No me gusta lo que sucedió en la última", o "¿qué tiene esto que ver conmigo?", o "¿acaso no deberíamos simplemente orar porque llegue el avivamiento a las naciones de la tierra a fin de que todas se vuelvan a Dios?".

Al estar en el amanecer del tercer milenio desde que Jesús vino a la tierra, volvemos a ver un mundo donde el pecado y la corrupción corren desenfrenados, destruyendo vidas de maneras totalmente nuevas. El siglo XX fue la era más sangrienta en la historia de la humanidad. Vimos nuestras dos primeras guerras mundiales, el Holocausto, el surgimiento del comunismo y el fascismo, y el reinado de regímenes totalitarios que volvieron a los hijos contra sus padres en nombre de la Revolución Cultural. Los campos de exterminio del sureste de Asia, el intento de genocidio en los Balcanes y Ruanda, y el nacimiento del extremismo islámico son solamente unos cuantos ejemplos del poco progreso que la humanidad ha hecho desde la maldad que causó el gran Diluvio. Murieron el doble de cristianos como mártires en el siglo XX de los que habían muerto en los anteriores mil novecientos años. ¿Será diferente el siglo XXI?

Nuestro problema en la actualidad, sin embargo, no es que la Iglesia haya hecho concesiones, sino más bien que el cuerpo universal de Cristo, cualquiera que sea nuestra afiliación, de alguna manera no ha sido capaz de infundir la relevancia del evangelio a nuestra cultura. ¡La Biblia está llena de respuestas para transformar la sociedad! Sin embargo, si transformamos sin poner en nuestras vidas cotidianas leyes y estructuras de reforma, y una perspectiva bíblica, la sociedad regresará a su estado anterior.

Yo defiendo que la razón de que muchos en nuestra sociedad crean que la Iglesia es totalmente irrelevante es que la Iglesia no ha sido la sal y la luz que debería ser a fin de marcar una diferencia. No me entienda mal. No es que los cristianos no sigan haciendo cosas buenas. Los misioneros cristianos están por toda la tierra actualmente, y algunos de los mayores avivamientos de todos los tiempos han sucedido en el siglo XX. Yo he visto con mis propios ojos la transformación que tuvo lugar en Sudamérica, donde el evangelio fue predicado y el avivamiento se extendió como el fuego: vidas y ciudades enteras fueron cambiadas dramáticamente casi de la noche a la mañana. Sin embargo, en los años que han pasado desde esos eventos, los cambios no han permanecido. He llegado a entender que aunque el avivamiento es importante y transformador de vidas, no es suficiente.

Otra parte del problema es la doctrina. Muchas personas han sentido que el mundo debería empeorar progresivamente antes de que Jesús regrese para salvarlo. Soy consciente de que el tema de reformar naciones plantea la pregunta de cuál es mi posición escatológica del fin de los tiempos. Verdaderamente, mi corazón está tan centrado en "negociar y ocuparme" (ver Lucas 19:13) hasta que Él venga que no he confrontado plenamente esta cuestión. Quiero ver a millones, desde el Oriente Medio, África, Asia, y otras tierras, adorando delante del trono de Dios debido a arrolladores avivamientos. También creo que es mi mandato como creyente ocuparme de que las naciones sean discipuladas y enseñadas por el Señor. Mi papá predicador tenía esta posición en cuanto a los últimos tiempos:

"Cariño —decía con una sonrisa—, yo no soy post-milenialista o pre-milenialista; ¡soy pan-milenialista! ¡Creo que todo 'saldrá bien' al final!'". Yo sigo sus pasos en esto. Otras personas mucho más brillantes que yo y dedicadas al estudio de la escatología pueden solucionar eso.

En los pasados siglos es difícil encontrar un avivamiento que haya durado más de unos cuantos años. Los efectos de las grandes personas de avivamientos, como Juan Wesley, George Whitefield y Charles Finney, en el Primero y Segundo Gran Avivamiento, solamente perduraron décadas, mientras que avivamientos más recientes, como el que tuvo lugar en Gales y en la calle Azusa al comienzo del siglo XX solamente perduraron unos cuantos años. Un importante avivamiento barrió Argentina en el año 1954, dando como resultado más de trescientas mil personas salvadas, pero Argentina seguía teniendo problemas con la corrupción generalizada. Hoy día ese país está en un camino de reforma y transformación porque está tomando en serio el mandato de la Gran Comisión a discipular y enseñar a otros.

Reinhard Bonnke contribuyó decisivamente a cambiar las naciones de África, viendo cientos de miles de personas salvas; pero los creyentes no han sabido cómo hacer un seguimiento con soluciones para la pobreza del continente.

Ciudades como la mía propia, Dallas, Texas, tienen una población cristiana grande, pero no hemos visto al gobierno de la ciudad cambiar hacia principios buenos y piadosos. De hecho, en las últimas elecciones, varios jueces piadosos fueron eliminados de sus puestos cuando la gente votó a políticos favorables al aborto.

Por tanto, es momento de hacernos las preguntas difíciles: "¿Por qué están nuestras ciudades en tan terrible condición moral, cuando hemos estado predicando el evangelio mediante todos los medios posibles?"; "¿por qué no están mejorando nuestras comunidades?"; "¿qué podemos hacer para reformar nuestras ciudades y naciones, para ver a miles entrar en el reino de Dios al igual que cambiar sus estructuras regresando a los patrones bíblicos?".

Avivamiento, transformación y reforma

Lo que yo he visto es que cuando sucede el avivamiento, hay áreas que con frecuencia parecen transformadas debido a que hay tantos individuos que han sido cambiados mediante el poder de la Palabra de Dios. Sin embargo, tales transformaciones espirituales muchas veces se ponen en una "caja espiritual" y se dejan almacenadas. Lo que sucede en la iglesia el domingo no siempre se lleva a la vida desde el lunes hasta el sábado. No permitimos que el cambio espiritual afecte a nuestra vida normal y cotidiana.

Puede que un hombre de negocios sea salvo, pero continúe siguiendo las mismas prácticas oscuras de negocios que realizaba antes de acudir al avivamiento; puede que se conviertan maestros, pero deben seguir enseñando desde los mismos libros de texto seculares; puede que nazcan de nuevo oficiales de gobierno, pero siguen teniendo que trabajar en los mismos sistemas corruptos que honran los sobornos y los amiguismos. Puede que haya vidas temporalmente transformadas, pero si la cultura general no es afectada, lo que todos los demás hagan pronto dominará la fe recién nacida, y la cizaña y "los afanes de este siglo, y el engaño de las riquezas, y las codicias de otras cosas"[1] vienen, de modo que la vida cotidiana regresa al estado en que estaba antes del avivamiento. No deberíamos preguntarnos solamente: "¿Por qué tarda el avivamiento?", sino "¿por qué no dura el avivamiento?".

Piénselo de este modo: cuando sucede el avivamiento, un inmenso número de personas entran en el Reino de Dios. Todos de repente están emocionados por Dios y por las posibilidades de lo que la vida en Jesús puede significar para su futuro. Las membresías de las iglesias aumentan, y grandes números de Biblias, libros cristianos y panfletos son vendidos y distribuidos. Las vidas son transformadas, y cuantas más vidas son transformadas, más se convierte Jesús en aquello de lo que se habla en la ciudad. Él es la respuesta para todo, y a medida que las personas acuden a Él con sus problemas y preocupaciones, suceden milagros. ¡Es algo increíblemente poderoso y emocionante el ser parte de ello! Es literalmente el cielo en la tierra.

Sin embargo, a medida que pasa el tiempo, la influencia de la sociedad y la cultura regresa. Las personas se sienten cómodas siendo cristianas, pero vuelven a sus antiguos caminos para obtener respuestas a sus problemas, y de repente los milagros ya no son tan comunes. Las personas se quedan cerca de las puertas del Reino y nunca se aventuran a entrar. En lugar de transformar la cultura que les rodea, permiten que la cultura los vuelva a amoldar a la manera en que eran antes, y en unos años todo comienza a verse como estaba antes del avivamiento.

Algunos dirían que necesitamos vivir en un estado constante de avivamiento. Ser una persona de avivamiento es profundamente relevante para mi propio llamado personal, así que permita que haga unos cuantos comentarios. El avivamiento se produce cuando Dios derrama una profunda convicción de pecado, las almas entran en el Reino, suceden milagros diariamente, y el poder del Señor satura los corazones y las almas de los cristianos. Nos gustaría ver suceder todo eso regularmente en nuestras iglesias; pero hay pasos que necesitamos dar aparte de eso que conducirán a que veamos naciones enteras cambiadas por el poder del evangelio. Una vez que las personas entran en el Reino, necesitamos discipularlas sobre cómo vivir vidas transformadas. Esto implica capacitación y enseñanza.

El tercer paso es integrar las vidas cambiadas en la sociedad que necesita ver el poder transformador de Dios. Enseñamos a las personas cómo ser sal y luz en su entorno laboral y otras áreas de influencia. Cada creyente debería ser formado en cuanto a cómo convertirse en un reformador dondequiera que Dios lo haya puesto en su vida cotidiana. Esto significa que una madre educará a sus hijos con una perspectiva bíblica y los enseñará cómo ser transformadores de naciones. Los papás serán ejemplo de eso ante sus hijos e hijas. Las iglesias levantarán generaciones de niños y adolescentes con un entendimiento de que tienen un mandato de ser agentes de reforma en la sociedad. Los creyentes verán sus profesiones como un vehículo para liberar los principios de Dios y la manifestación del Reino en cada día laboral, ya sea que trabajen en el supermercado, en la sala de clase o en un puesto político. El mandato de la reforma se infunde a cada parte de la nación mediante el "ejército del Señor" que ora, enseña y trabaja.

Yo creo con todo mi corazón que Dios va a añadir un nuevo empuje evangelístico para infundir a nuestras naciones creyentes rectos. Entonces, no solo salvaremos las almas de las personas, sino que también mostraremos que la Palabra de Dios realmente funciona en nuestras naciones. Además de eso, mediante el poder sobrenatural de la obra del Espíritu Santo, veremos personas sanadas de plagas como el SIDA ¡y también levantaremos científicos que descubran la cura de la enfermedad!

Si hemos de ver naciones transformadas, debemos ir más allá de un mandato que solamente ve almas salvadas para ver a cristianos crecer en el Señor y ver el Reino de Dios invadir cada sector de la sociedad. ¡Dios quiere que la voluntad de su reino se haga en la tierra por medio de nosotros! Si una nación es transformada sin ser *reformada*, pronto volverá a su estado original de decadencia.

¿Qué quiero decir con reforma? Yo definiría la palabra *reforma* como una enmienda o reparación de lo que es corrupto, para edificar las instituciones de nuestros gobiernos y nuestra sociedad de acuerdo a su orden y organización ordenados por Dios. Significa institucionalizar la voluntad de Dios en el modo en que llevamos a cabo nuestros negocios cotidianos, tratamos a los pobres, administramos justicia, hacemos nuestras leyes, enseñamos a nuestros hijos, y vivimos en general nuestras vidas. Es darles a la personas una licencia para hacer el bien y no una licencia para pecar. Significa convertir nuestras comunidades en lugares donde las bendiciones de Dios fluyan de persona a persona al igual que Dios las ve fluir en el cielo.

Entrar por las siete puertas

¿Cómo sería una cultura si hiciera de Jesús su Señor y Salvador? ¿Qué significaría si reconciliáramos no solamente a individuos con el Señor sino también a nuestras comunidades y países?

Colosenses 1:20 dice: "y por medio de él [Jesús] reconciliar consigo *todas las cosas*, así *las que están en la tierra como las que están en los cielos*, haciendo la paz mediante la sangre de su cruz". En Mateo 6:10 Jesús enseña a sus discípulos a orar: "Venga tu reino. Hágase tu voluntad, como en el cielo, así también en la tierra". Cuando Jesús vino a la tierra, no estaba buscando solamente convertidos, Él estaba buscando recrear el cielo en la tierra; quería ver a sus seguidores establecer su reino: un lugar donde la voluntad de Dios concerniente a *todas las cosas* fuera fácilmente accesible, ya fuera mediante lo milagroso o la demostración del amor cristiano. Jesús quería capacitar a sus seguidores para que ganasen el mundo por causa de Él.

La democracia sin las doctrinas básicas de la Biblia finalmente se deteriora y se convierte en una sociedad conducida por una dictadura militar o por otros tipos de gobiernos no democráticos. Eso se debe a que no funciona sin un marco bíblico básico y una perspectiva inculcada en los documentos fundacionales. La Biblia nos da los principios de creencia que permiten las mayores libertades políticas porque Dios nos ha creado con libre albedrío. La democracia basada en las Escrituras producirá una sociedad de leyes en la que la opresión religiosa no se permita. Sin embargo, eso no significa que podamos tener leyes sociológicas, donde la mayoría quebrante las leyes de Dios. Una sociedad sin salvaguardas buenas y piadosas se deteriora y se convierte en una anarquía, en la que todo el mundo hace lo que le parece correcto a sus propios ojos.

Cristianos como William Wilberforce levantaron el estandarte de la abolición para presionar en Gran Bretaña y los Estados Unidos para poner fin a la esclavitud. Sir Isaac Newton y otros cristianos han hecho algunos de los mayores descubrimientos científicos de la historia. La mayoría de los inventos que han conducido al progreso nacional se han originado en naciones "cristianas". Suceden cosas increíbles cuando el Reino de Dios es llevado no solamente a individuos sino también a una sociedad.

La Declaración de Independencia de los Estados Unidos de América tiene líneas que fomentan ideas tales como que a la humanidad *"su Creador le ha otorgado ciertos Derechos inalienables, y entre ellos están: la vida, la libertad y la búsqueda de la felicidad"*.

Ese es el Reino que necesitamos volver a llevar al mundo: un Reino basado en el amor, la justicia y el poder de Dios, donde la corrupción sea la excepción, quienes tienen hambre y los pobres sean alimentados y vestidos, los tribunales gobiernen con justicia, el gobierno se dirija rectamente, los negocios operen éticamente, y la educación se trate más de perseguir la verdad que de indoctrinar a los jóvenes en la filosofía popular de la época. Estoy hablando de una sociedad basada en la libertad para amar en lugar de para codiciar; un gobierno basado en la moralidad en lugar de en la conveniencia y el egoísmo, en la libertad de hacer lo que es correcto en lugar de manipular a otros, apelando a su naturaleza más baja para edificar imperios personales. Es la verdadera liberación del evangelio para cambiar radicalmente nuestro mundo.

Mediante parte del trabajo que Peter Wagner y sus asociados han hecho, se ha sugerido que si hemos de reformar nuestras naciones, necesitamos afectar las "siete puertas de la sociedad", que son:

1. La puerta del gobierno
2. La puerta de la prensa y las comunicaciones
3. La puerta del mercado laboral
4. La puerta de las artes
5. La puerta de la educación
6. La puerta de la familia
7. La puerta de la iglesia y el ministerio

¿Cómo sería cada una de ellas si estuvieran verdaderamente fundadas en la Escritura? Aunque yo no soy una experta en ninguno de esos campos, sí que espero comenzar algunas conversaciones convincentes entre los expertos. Por tanto, mientras que los primeros capítulos de este libro se referirán más a lo que es la reforma, los últimos capítulos hablarán de entrar por esas puertas con más detalle, y de cómo podrían ser si se reestructurasen según los preceptos y las promesas de la Biblia.

Amar a Dios con nuestra mente y también con nuestro corazón

Algo sucedió mientras trabajaba en estos conceptos; algo increíble tuvo lugar dentro de mí. Comprendí que había llegado a amar a Dios no solo con todo mi corazón y mi alma, sino también con toda mi mente, como se nos manda en Mateo 22:37.

Un abogado acudió a Jesús para probarlo, preguntándole cuál era el mayor mandamiento, y Jesús le dijo: "Amarás al Señor tu Dios con todo tu *corazón*, con toda tu *alma*, y con toda tu *mente*". Cuando estudie usted a los varios filósofos, reformadores, y otras personas que influenciaron vidas en el pasado, permita que el Espíritu Santo cambie y ajuste su modo de pensar. Permita que la luz de la Escritura le revele dónde ha adoptado usted el pensamiento del mundo y luego reajuste su mente según los patrones bíblicos de pensamiento. Yo siento que he renovado mi mente y cambiado mi forma de pensar a medida que he estudiado la Biblia. Ahora juzgo cada pensamiento o decisión con respecto a lo que es correcto o incorrecto en la sociedad por medio de una perspectiva bíblicamente enmarcada.

Permita que ilustre esto. Recientemente asistí a una reunión realizada en el campus de la universidad de California, Berkeley. Cuando hablé a una audiencia de mil personas, dije: "Muchos de ustedes puede que se pregunten cuál es mi opinión sobre la homosexualidad. Mi respuesta para ustedes es que no tengo una opinión. Sin embargo, leamos de la Biblia, el manual del fabricante, para ver cuáles son sus leyes con respecto a esto". Después de eso, simplemente leí en Romanos 1, que dice que la ira de Dios se revela desde el cielo contra quienes no siguen sus mandatos, y su entendimiento es fútil o está oscurecido. Luego leí la lista de las cosas que quebrantan la ley de Dios mediante la homosexualidad: mujeres que cambian su uso natural por el que es contra naturaleza, y hombres que se codician unos a otros.

Dios es el Creador, y ha establecido ciertas leyes. No importa lo que yo piense sobre ellas más de lo que yo piense sobre si un semáforo debería estar en un cruce concreto de la calle o no. Lo que importa es que me detenga cuando la luz esté en rojo porque esa es la ley. Es necesario amar a Dios con toda su mente para reformar una nación. Al reflexionar en este mandamiento, hubo un momento trascendental cuando pensé: "¿Cuándo se me ha enseñado concretamente a amar a Dios con toda mi mente?". Desde luego, he oído muchos sermones sobre la renovación de la mente como se habla en Romanos 12:1–2, pero ninguno sobre esta parte del mayor mandamiento.

Es mi oración que usted aprenda a amar a Dios más plenamente con su mente a medida que lea las páginas de este libro; ¡que ame a Dios de una manera mayor de lo que pensó nunca que fuera posible!

¿Por qué yo?

Una de mis principales preocupaciones al escribir este libro es que los lectores pudieran pensar que el tema estuviera demasiado por encima de sus cabezas para entenderlo con claridad. ¡Espero que no piense usted eso! Dios puede ayudarle a incorporar los conceptos de la reforma bíblica a su vida cotidiana. El evangelio funciona, y esto se aclarará para usted una vez que tome el tiempo para estudiar y aprender a amar a Dios con su mente al igual que con su corazón y su alma.

Cuando este libro fue implantado por primera vez en mi corazón, hice la pregunta: "¿Por qué yo, Señor?". ¿Por qué no alguien con un título en Ciencias Políticas en lugar de educación musical? Creo que ahora sé la respuesta. Al menos una es que si yo podía entender estos conceptos, ¡entonces usted también puede! El Espíritu Santo es el gran revelador de verdad. ¡Él está interesado en ver su voluntad hecha en la tierra como se hace en el cielo!

Por tanto, no se abrume. Pida al Espíritu Santo que lave su cerebro con la verdad del evangelio. Créame, cuando comencé a escribir, me sentí inadecuada y abrumada. ¿Cómo podría yo comenzar a escribir sobre temas tan amplios, por no hablar de darles sentido? Confieso que hubo momentos en que me sentí que estaba tan en el límite que no creí que podría completar este libro. Hubo momentos en que me postré y simplemente lloré delante de Dios, suplicándole que me ayudara en lo que parecía en el momento una tarea imposible. Yo estaba rodeada de dudas y tenía la seguridad de que Dios debería haber llamado a otra persona que fuera mucho más inteligente que yo para escribir esto.

Sin embargo, poco a poco escalé la montaña de la timidez, y a medida que trabajaba, sucedió algo increíble dentro de mí. Aunque no soy una erudita académica, sí que sé cómo escuchar y oír a Dios y cómo leer mi Biblia. Dios nunca nos pediría a ninguno de nosotros hacer algo que no fuéramos capaces de lograr. Nada es demasiado difícil para Dios; Él siempre ha utilizado a personas iguales a usted y a mí para lograr su voluntad en la tierra. Y, por tanto, Dios me capacitó y me guió paso a paso en lo que yo necesitaba escribir. En el proceso, Él me ha dado el corazón de un reformador.

A medida que estudiaba el tema de la reforma, algo se encendió en mi corazón, alma y mente, como un fuego encendido en mis huesos. Quiero ver naciones reformadas y cumplir el verdadero significado de la Gran Comisión. Dios nos llama no solamente a convertir a individuos sino también a enseñar a naciones.

El clamor de mi corazón es que usted también reciba el corazón de un reformador y que el Espíritu Santo dé vida las verdades de Dios en su corazón a medida que lee usted este libro. Es mi oración que las palabras salten de la página a su corazón, alma y mente, imprimiendo de modo indeleble en usted el diseño de Dios para el establecimiento de su Reino en su nación.

En medio de reformar naciones, no debemos perder de vista el hecho de que Jesús vino a ser el Salvador de almas. Esto debe permanecer en el frente de nuestro enfoque. Una sociedad reformada no cambiará las almas de los seres humanos como lo hace un encuentro sobrenatural con el Dios vivo. Debemos recordar el mandato evangelístico que nos es dado en la Escritura: Todos necesitan ser salvos personalmente, ¡sin excepciones! Pero tampoco podemos detenernos ahí. Comienza con almas de individuos que son salvas, pero debemos avanzar hacia la reforma plena. No podemos tener la una sin la otra.

Según Peter Wagner, esta no es la primera vez que Dios ha tratado de llevar a las iglesias el entendimiento de que necesitamos reforma con respecto a los problemas de justicia social. Él me envió el siguiente memo:

A finales del siglo XIX la voz de Walter Rauschenbusch de Rochester, Nueva York, comenzó a ser oída. Él intentó volver a llevar el mandato cultural a uno de los principales frentes del movimiento misionero junto con el mandato evangelístico.

Actualmente se le recuerda como uno de los pioneros más destacados de lo que pronto llegó a denominarse el movimiento del Evangelio Social. Desgraciadamente, fue en ese punto en que el elemento liberal de la Iglesia tuvo éxito a la hora de nombrar el mandato cultural. Irónicamente, Rauschenbusch mismo defendió que el mandato evangelístico debería mantenerse en primer lugar, pero no fue capaz de contener la marea liberal. Los seguidores de su Evangelio Social se aislaron a sí mismos de los evangélicos al (1) atribuir la raíz de la maldad social en los Estados Unidos al capitalismo, y (2) eliminar de su agenda el mandato evangelístico.

Eso causó una fuerte reacción negativa entre los líderes evangélicos cuando pasamos al siglo XX. Hizo que los evangélicos rechazaran la idea de la transformación social debido a que se volvió un estereotipo de la doctrina liberal.

Eso ahora ha cambiado. Según la mejor trayectoria que puedo seguir, los cambios comenzaron en los años sesenta. En esa época el Espíritu Santo comenzó a hablar fuertemente a los cristianos bíblicos y evangélicos sobre su responsabilidad de ocuparse de los pobres y los oprimidos.

Mi amigo George Otis Jr. ha sido usado poderosamente por Dios mediante sus series en DVD *Transformation* (Transformación) que toman en serio el mandato bíblico de discipular y enseñar a las naciones. Muchos de los conceptos que se enseñan acerca de la transformación pueden aplicarse a la reforma. ¡Son necesarios reformadores para transformar!

Dios está levantando una nueva generación de líderes encendidos y apasionados en cada sector de la sociedad. Parte de este liderazgo incluirá a personas de avivamiento que estén ardiendo con una pasión por ver almas ganadas y miles de personas salvas en universidades, en escuelas, y en las calles de ciudades en todo el mundo. Dios va a levantar un ejército de reformadores que conmuevan naciones y que marcharán por toda la tierra con un nuevo movimiento de santidad.

No importa si es usted joven o viejo, bajo o alto, delgado o con necesidad de adelgazar unos kilos; rojo, amarillo, negro, marrón o blanco, Dios le ha llamado a un destino y le ha dado un propósito que cumplir en su generación. Es momento de ponernos al lado de los reformadores de otros tiempos y llevar la luz de Dios al nuevo milenio. ¿Se unirá usted a mí para aprender cómo?

Cindy Jacobs
Dallas, Texas

Capítulo Uno

Una reforma personal

Apenas si me sentí como un reformador al estar con mis amigos en la neblinosa tarde en Wittenberg, Alemania; sin embargo, algo se avivó en lo profundo de mi corazón cuando miré a la señal que había en la pared proclamando que el museo en que habíamos entrado fue en un tiempo el hogar de Martín Lutero.

Había pasado un día después de la conferencia en la que yo había hablado en Berlín, y nuestro anfitrión alemán, Reiner, había estado de acuerdo en llevarnos a algunos de nosotros a hacer un poco de turismo. Cuando entramos por un corredor, de algún modo quedé sorprendida de que Lutherhalle, el museo de la vida y las enseñanzas de Lutero, estuviera abierto la tarde del domingo de Semana Santa. De hecho, para las personas a cargo del edificio, parecía como cualquier otro día en lugar del que conmemora la resurrección de Jesucristo.

Al avanzar por los pasillos del anterior monasterio convertido en hogar de Lutero y su querida esposa, Katie, el parpadeo de emoción que yo había sentido cuando pisé por primera vez el antiguo piso de piedra aumentó. Cuanto más caminábamos y leíamos la historia de los increíbles cambios culturales producidos por la vida de este hombre, más crecía mi maravilla. Yo seguía exclamando a nuestro grupo: "¡Miren esto!", y "¡lean esto!". Comencé a preguntarme qué se avivaba dentro de mí. *¿Por qué me sentía de aquel modo?*

Pues en aquellas anticuadas paredes había verdades vivas que son tan relevantes actualmente como lo fueron hace cinco siglos cuando Lutero oraba mientras caminaba por aquellos mismos pasillos. Cada vez que leía las palabras de Lutero, mi mente sacaba paralelismos entre la necesidad de que las naciones regresen a la piedad hoy día y la reforma de Lutero.

Por una parte, Lutero utilizó las artes y la música; revolucionó la cultura eclesial al escribir cantos que todas las personas pudieran cantar juntas en su idioma común. Hasta aquel momento no había habido canto congregacional en los servicios de las iglesias. La adoración se convirtió en una clave para la Reforma.

Mi corazón ardió cuando leí las líneas de uno de los himnos más conocidos de Lutero: "Castillo fuerte es nuestro Dios":

> Castillo fuerte es nuestro Dios,
> Defensa y buen escudo.
> Con su poder nos librará
> En todo trance agudo.
> Con furia y con afán
> Acósanos satán:
> Por armas deja ver
> Astucia y gran poder;
> Cual él no hay en la tierra.
>
> Nuestro valor es nada aquí,
> Con él todo es perdido;
> Mas con nosotros luchará
> De Dios el escogido.
> Es nuestro Rey Jesús,
> El que venció en la cruz,
> Señor y Salvador,
> Y siendo El solo Dios,
> El triunfa en la batalla.
>
> Esa palabra del Señor,
> Que el mundo no apetece,
> Por el Espíritu de Dios
> Muy firme permanece.
> Nos pueden despojar
> De bienes, nombre, hogar,

El cuerpo destruir,
Mas siempre ha de existir
De Dios el Reino eterno. Amén.

Aunque este himno se escribió en el año 1529, sigue tocándome a mí y a otros miles de personas en mitad de las batallas de la vida: ¡Dios prevalecerá!

Cuando llegamos a las últimas habitaciones del museo comprendí que grandes números de personas en ciudades enteras habían sido impactadas por esta reforma. Conmocionó a Alemania al igual que a toda Europa. De repente sentí como si un volcán fuera a entrar en erupción dentro de mí.

Al salir del museo, a la calle húmeda y fría, ya no pude contenerme más. Con mi rostro mirando a la pared, brotaron lágrimas de las profundidades de mi ser mientras gemía: "Oh Dios, lo siento mucho, ¡lo siento mucho! ¡Mi generación te ha fallado por completo! Oh Señor, ¿qué está mal en nosotros?".

En aquel momento tuve una revelación de que precisamente los elementos que necesitaban cambiar la faz de la tierra habían estado delante de nuestros ojos durante siglos y, sin embargo, de algún modo, hemos sido impotentes para cumplir la Gran Comisión.

Las lágrimas caían por mis mejillas y se mezclaban con las gotas de lluvia mientras gemía: "Ochenta y dos millones de personas en Alemania y solamente 1.6 millones de creyentes. Oh Dios, ¿qué está mal en nosotros? Lo siento mucho, Dios. ¿Cómo hemos podido dejar que esto suceda?".

Al final me alejé, sintiéndome bastante conmovida por lo que acababa de experimentar. Yo sabía que había trabajado en lo profundo de mi alma por la nación que Lutero había amado: la tierra de la Biblia de Gutenberg, la primera traducción al alemán impresa de la Palabra de Dios.

Mientras seguimos caminando por las calles de Wittenberg, hablando sobre la necesidad de que las llamas de la reforma volvieran a brillar de nuevo en esa nación y en las naciones del mundo, buscamos las puertas que tuvieron las revolucionarias palabras que Lutero había escrito. Las famosas Noventa y nueve Tesis que

Martín Lutero clavó en las puertas de Castle Church ahora están inmortalizadas para siempre con una réplica en bronce de los documentos en el mismo lugar en que él los clavó originalmente. Mientras caminábamos, hablábamos sobre el problema del aborto en Alemania. Después de que la Alemania del este y el oeste fueran reunificadas, la legalización del aborto se convirtió en un acalorado debate. El aborto durante el primer trimestre había sido legal en Alemania oriental desde 1972, mientras que en Alemania occidental no lo había sido. Finalmente se logró un compromiso en 1995, legalizando el aborto en el primer trimestre siempre que la mujer recibiera consejo antes.[1] Desde aquel momento, Alemania ha visto aproximadamente ciento treinta mil bebés muertos mediante el aborto cada año,[2] con apenas un 15 por ciento de todos los embarazos que terminan en aborto. En la ciudad de Berlín ese porcentaje es aproximadamente el 28 por ciento.[3] Las feministas alemanas se habían reunido, habían levantado sus voces, y habían marchado por las calles, influenciando la legalización del aborto en la república reunificada.

Esto condujo a que yo musitara: *¿Cómo es que las feministas tienen más valentía que nosotros los cristianos? ¿Por qué no estamos viendo la aprobación de leyes rectas? ¿Por qué somos tan débiles para cambiar las cosas en nuestra cultura cuando otros son valientes y apasionados con respecto a sus causas? ¿Por qué no hacemos algo?*

"Pongámonos de acuerdo en oración en que el aborto volverá a ser ilegalizado en Alemania", les dije a los demás en voz alta.

Todos estuvimos de acuerdo, y nos detuvimos para agarrarnos de las manos y orar en aquel mismo lugar. Luego continuamos por el mismo camino que Lutero habría tomado hacia la catedral.

Al final de la tarde descubrimos lo que habíamos estado buscando —el memorial en bronce sobre la puerta de la catedral—, el documento escrito por el radical reformador que cambió toda una nación con sus palabras. En silencio nos dimos la mano y oramos para que Dios nos usara, entre otros, para ayudar a comenzar un movimiento que un día diera como resultado que el aborto fuese abolido en Alemania. Además clamamos al Señor para que la juventud de Alemania se levantara y viera salvo al país completo. Cuando terminamos nuestras oraciones, las notas de "Castillo fuerte es nuestro Dios" resonaron desde el gran campanario cercano a la catedral. Fue como si Dios mismo estuviera diciendo: "¡Amén! Ya era hora que se hiciera esa oración. ¡Ahora vayan y háganlo!". Quedamos asombrados. El repique de la música era tan alto que nos conmovió profundamente. Fue un momento sobrenaturalmente cargado. Sin embargo, a pesar de lo poderosa que fue aquella experiencia de tipo coro Aleluya, Dios había preparado un signo de exclamación más fuerte en nuestra aventura que ninguno de nosotros podría haber orquestado.

Cuando nos dimos la vuelta para irnos, una pareja que parecía tener unos setenta años estaba en el proceso de tomar fotografías. Nos sorprendió verles, ya que no había habido nadie en las calles excepto nosotros. La mayor parte de la tarde el tiempo había sido bastante malo, no un momento típico para que los turistas estuvieran tomando fotografías, en especial a medida que avanzaba el atardecer.

El esposo se preparaba para tomarle una foto a su esposa, y yo sentí un impulso del Espíritu Santo para ofrecerme a tomarles una foto juntos (en realidad iba a ofrecer a Reiner, pensando que yo no podría tomarla sin cortarles la cabeza en la toma). El caballero nos lo agradeció y dijo que su esposa, que era luterana, había querido que le tomara una fotografía delante de la famosa puerta de Wittenberg.

Después de la fotografía presenté a nuestro grupo: Laura, Allred, Ben, Reiner, Huss y yo misma. Para sorpresa nuestra, él se presentó a sí mismo como un abogado pro-vida de Chicago. ¡Estaba de vacaciones después de actuar como consejero en casos delante de la Corte Suprema para abolir el aborto! Tartamudeamos al hablar mientras compartíamos con emoción con él lo que acabábamos de orar y cómo el que él estuviera allí en aquel momento era una gran confirmación para nosotros de que un día el aborto volvería a ser ilegal en Alemania. Después de nuestra conversación, todos oramos juntos y los unos por los otros.

No es necesario decir que apenas si necesitamos un auto para regresar a casa, ¡pues estábamos tan emocionados que sentíamos como si estuviéramos volando! Un día el aborto será ilegal en Alemania. Es consolador saber que aun ahora Dios está levantando una nueva generación, tanto allí como por toda la faz de la tierra, de reformadores y revolucionarios radicales y celosos que verán la justicia prevalecer en sus naciones.

Avivar las llamas de la reforma

Al haber viajado alrededor del mundo, he tenido la oportunidad de hablar con personas de todas las generaciones, quienes, aunque separadas por la edad, no están separadas por corazón y pasión. Quieren que Dios las use para cambiar sus naciones.

¿Cómo se convierte uno en un reformador? Si es usted como algunas personas, es como una bicicleta que alcanza la cima de una colina, gradualmente agarrando impulso a medida que la necesidad de cambio se aclara en su corazón y comprende que Dios quiere que usted haga algo al respecto. Normalmente llega un momento catalizador que abre sus ojos a la necesidad de cambio. Martín Lutero tuvo uno de esos momentos siendo joven en medio de una tormenta. Fue una experiencia de camino de Damasco para él, solamente que él estaba en el camino a Erfurt. Tuvo lugar el 2 de julio de 1505, cuando Martín tenía veintiún años de edad.

Estaba solamente a unos pocos kilómetros de su hogar cuando los relámpagos cayeron tan cerca de él que le tiraron de su caballo. Debió de haber habido algo sobrenatural en aquel momento, porque le hizo clamar, arrepentirse de los pecados de su juventud, y hacer un voto, si mantenía la vida, de convertirse en monje. Martín cumplió su palabra. El 17 de julio de 1505 se unió a una ermita de agustinos en Erfurt —que era el más riguroso de los siete monasterios de la zona— en lugar de regresar a la escuela de Derecho.

Su padre se puso furioso por su decisión porque se había sacrificado para darle estudios y que llegara a ser abogado (sin embargo, Martín iba a necesitar las destrezas de un abogado cuando más adelante fue llamado delante de los concilios religiosos de la época).

Lutero se convirtió en sacerdote en 1507, y comenzó a enseñar en la universidad de Wittenberg en 1508. En 1512 recibió su doctorado en Teología, pero siguió sin poder alejarse del sentimiento de que él era un miserable e indigno pecador. En 1515 comenzó una serie de conferencias sobre los libros de Romanos y Gálatas. De algún modo, en el proceso de estudiar y meditar sobre el tema,

Dios le dio una revelación que él resumió en un versículo: *"El justo por la fe vivirá"* (Romanos 1:17).

Con respecto a esta experiencia, Martín Lutero escribió:

Al fin, meditando día y noche, por la misericordia de Dios, yo... comencé a entender que la justicia de Dios es aquella mediante la cual vive el justo por un don de Dios, es decir, por fe... Aquí me sentí como si hubiera nacido de nuevo otra vez y hubiera entrado en el paraíso por las puertas que se habían abierto de par en par.[4]

Mediante esta revelación, Martín Lutero vio que no se trataba tanto de lo que él hizo como de lo que Jesús había hecho. Lutero experimentó una reforma personal que cambiaría su mundo. Fue solamente meses después cuando Lutero clavó sus Noventa y nueve Tesis en la puerta de Castle Church.

Lo que él había leído en el libro de Romanos fueron las palabras de otro joven abogado, el apóstol Pablo, quien también había caído de rodillas por un relámpago del cielo. Cuando viajaba por el camino de Damasco con cartas que le otorgaban la autoridad de llevar a los seguidores de Jesús de regreso a Jerusalén encadenados, un rayo de luz le tiró al suelo, y tuvo una reforma similar. Se encontró con Jesús cara a cara y comprendió que su celo estaba en un lugar equivocado. Más adelante les dijo a los gálatas lo que se decía de sí mismo: "Aquel que en otro tiempo nos perseguía, ahora predica la fe que en otro tiempo asolaba".[5]

El punto que quiero establecer aquí es que cada uno de nosotros necesita tener una reforma personal. Desde luego, el primer paso es pedirle a Jesús que perdone nuestros pecados e invitarlo a que sea Señor de nuestra vida. Sin embargo, para quienes se han convertido en reformadores que cambien el mundo, también llega un momento en el tiempo —como mi visita al museo de Lutero— en el que uno se implica apasionadamente en querer enderezar lo malo.

Por muchos años, yo sentí que mi papel a la hora de enderezar lo malo era estar completamente sobre la base individual. Con esto quiero decir que veía a una persona con hambre y la alimentaba (lo cual sigo creyendo que hay que hacer regularmente), u oraba por una persona que sufría. Todo eso era bueno, pero no estaba implicando mi mente a un nivel macro. Mi perspectiva necesitaba un reenfoque; necesitaba reformar mi modo de pensar con respecto a mi papel como creyente. Mis lentes habían sido enmarcadas por la manera en que yo veía la comisión de Dios para mí personalmente en su Palabra.

Mi perspectiva comenzó a cambiar en el año 1985, cuando Dios me dijo que naciones enteras podían ser sanadas.[6] Francamente, yo ni siquiera me daba cuenta de que podían estar enfermas. Parte de mi problema era que yo había sido educada con una perspectiva basada en el pensamiento occidental-griego. La perspectiva grecorromana —u occidental— está basada en el individuo y en una separación de lo sobrenatural y lo natural.

¿Cómo afectaba a mis actos ese modo de pensar? En primer lugar, yo creía que solo era responsable ante Dios de vivir una vida piadosa en lugar de ser una administradora de mi nación, de sus leyes y de la sociedad en general. Estaba atada por el pensamiento individualista. Dios no piensa solamente de modo individual, sino también en términos de naciones y reinos. El pensamiento bíblico es corporativo en naturaleza.

Podemos ver este tema en el Antiguo Testamento reflejado en el pecado de Adán y Eva en el huerto, iniciando la caída de toda la humanidad (Génesis 3:1–8); los pecados de los ancestros afectando a las generaciones "posteriores" (Éxodo 20:4–6); el pecado de Acán causando la derrota militar en Hai (Josué 7); los profetas de Israel condenando la explotación de los pobres y la injusticia social (Amós 5:7–15); y el hecho de que Israel como nación fuera a la cautividad. Este tema también es generalizado en el Nuevo Testamento en su énfasis en cómo no somos solamente individuos sino miembros del cuerpo de Cristo (1 Corintios 12) y en su enseñanza de que nuestra responsabilidad se extiende a ver el Reino de Dios manifestado en nuestras naciones.

Nuestra perspectiva es crítica con respecto a cómo vivimos nuestras vidas. El economista social alemán, Max Weber, utilizaba terminología relacionada con la perspectiva en su análisis de la relación entre un sistema de creencias de la gente y su nivel de prosperidad o pobreza.[7] Nuestra perspectiva debería provenir de la Escritura; debería ser bíblica. Mi perspectiva cambió masivamente un día cuando estaba leyendo lo que muchos llaman la Gran Comisión:

> Por tanto, id, y haced discípulos a todas las naciones, bautizándolos en el nombre del Padre, y del Hijo, y del Espíritu Santo; enseñándoles que guarden todas las cosas que os he mandado; y he aquí yo estoy con vosotros todos los días, hasta el fin del mundo.
>
> Mateo 28:19–20

Cuando leí estos versículos, mis ojos se fijaron de repente en las palabras "haced discípulos a todas las naciones". Pensé: *¡un minuto! ¿Acaso no significa eso individuos?* Toda mi vida había leído este pasaje como un mandato a salir y ganar almas para Cristo. (Entienda, por favor, que de ninguna manera estoy negando la necesidad de evangelizar a cada individuo personalmente).

Agarrando mi concordancia, busqué *naciones* y descubrí que la palabra griega utilizada es *ethne*, de la cual tenemos *étnico*. La correspondiente palabra del Antiguo Testamento es *mishpachah*, traducida más frecuentemente como *familias* (como en tribus o clanes). El punto es que Dios se interesa por nuestra conectividad social, nuestros trasfondos culturales, de dónde provenimos, cuáles son nuestros lugares de origen. Dios también se interesa por cómo funcionamos juntos en sociedad; cómo nuestras leyes promueven (o van en contra) de la justicia y la rectitud, y cómo tomamos decisiones que nos afectan a todos (política). En tiempos bíblicos, la tribu, clan, grupo o clanes, o ciudad-estado era su "nación". Sin embargo, hoy día las principales organizaciones sociales/políticas son *naciones-estado*, inmensos conglomerados de personas reunidas por fuerzas sociales y económicas que con mucha frecuencia obran en contra de la estrecha cohesión que se encuentra en las tribus, clanes y ciudades estado. Por tanto, mientras que respeto la postura proclamada en la literatura misionera de que las "naciones" de Mateo 28:19 son estrictamente "grupos étnicos", en este libro acepto que Dios también quisiera decir estados y naciones geopolíticas tal como están trazadas en nuestros mapas actualmente.

Con mi corazón palpitando con fuerza, regresé a mi Biblia y leí más adelante, deteniéndome en las palabras "enseñándoles que guarden todas las cosas que os he mandado". *¿Enseñando a quién a hacer qué?*, musité. ¡Y entonces lo vi! Lo que vi reformó mi perspectiva sobre mi mandato como individuo en esta tierra. Esta es la revelación:

Somos llamados a discipular a naciones enteras y enseñarlas a observar todo lo que Dios ha mandado.

Mi siguiente pensamiento después de esa sorprendente revelación fue: *¿Hay alguna nación sobre la faz de la tierra donde los creyentes hayan tenido éxito al ver a toda su nación discipulada y a su sociedad gobernada por la Palabra de Dios?* Sé que algunos lo han intentado, pero no podía pensar en nadie que hubiera tenido éxito.

La idea me agarró. El cristianismo ha estado ahí alrededor de dos mil años. Millones de cristianos han leído esas palabras en Mateo 28. Tenemos el poder del Espíritu Santo en nuestras vidas y, sin embargo, las sociedades se deterioran a nuestro alrededor. ¿Cuál es el problema? ¿Cómo podría haber aproximadamente dos mil millones de cristianos sobre la tierra hoy día y los grandes problemas de pecado, pobreza y enfermedad siguen plagando el planeta? ¿Por qué no hemos llegado a soluciones para esos problemas? Entiendo que son problemas inmensos, ¡pero tenemos un Dios aún más grande!

Para ser totalmente transparente con usted, una de mis mayores luchas al escribir este libro fue que me preguntaba cómo podría implicar a creyentes normales en querer discipular a sus naciones, en convertirse en reformadores ellos mismos. Nunca veremos la justicia llegar a nuestro planeta sin una reforma personal en cuanto a nuestro papel como cristianos.

Antes que nada, necesitamos interesarnos por nuestras naciones como Jesús se interesa por ellas. Él ama a las naciones de la tierra; ¡Él las creó! Dios se interesa por personas que tienen hambre, por bebés que están siendo abortados. No solamente eso, sino a un nivel macro, Él tiene las respuestas a la pobreza sistemática, a la epidemia del SIDA, y a otros problemas masivos e increíbles. Él quiere implicarnos a cada uno de nosotros para crear soluciones y mostrarnos lo que necesitamos hacer para ser reformadores y revolucionarios en nuestra sociedad.

Una de las maneras más poderosas de aprender es mirando las vidas de otros que han caminado antes que nosotros y han causado un importante impacto en sus naciones.

¿Está dispuesto a ser el cambio que su mundo necesita?

Era el año 1942 en la Alemania nazi. Hitler estaba en medio de hacer estragos en la juventud de la nación con su lujuria por la conquista y la guerra.

El momento decisivo para una joven llamada Sophie Scholl, estudiante en la universidad de Munich, fue un sermón del obispo de Muenster, Clemens Galen. (Esto muestra la importancia de que los pastores sean valientes para clamar contra la injusticia desde sus púlpitos). El obispo Galen habló en contra de las emergentes políticas sobre la eutanasia del Tercer Reich. Hitler estaba, con y sin el permiso parental o familiar, "haciendo eutanasia" a los retrasados mentales y los enfermos. Eso estaba en línea con su plan ariano: Hitler y sus principales ayudantes creían que los mentalmente enfermos y los retrasados en el desarrollo contribuirían de modo negativo a las "líneas de sangre" de Europa.[8] Más de cien mil personas fueron muertas en lo que se llamó el programa "T-4". El obispo Galen declaró que esa selección "estaba en contra de los mandamientos de Dios, en contra de la ley de la naturaleza, y en contra del sistema de jurisprudencia en Alemania".[9]

Sophie y su hermano, Hans, quedaron horrorizados por esas prácticas. Ellos y algunos de sus compañeros estudiantes se sintieron impulsados a distribuir el sermón de Galen en forma de panfleto en la universidad de Munich aunque era ilegal hacerlo.

En ese momento de la guerra, Sophie y Hans, que habían sido parte de la Liga Alemana de Juventudes, se habían desilusionado con Hitler y el nazismo. Ellos, junto con Alexander Schmorell, se unieron para escribir panfletos de resistencia llamando al derrocamiento de Hitler. Hans (de veinticuatro años) y Alexander (de veinticinco) eran estudiantes de medicina, y Sophie (de veintiún años) estudiaba para ser enfermera.

Un profesor universitario, Kurt Huber, que tenía cuarenta y nueve años, junto con otros tres estudiantes de medicina, Willi Graf, Jürgen Wittenstein y Christoph Probst, también se implicaron. Juntos llamaron a su grupo "La Sociedad de la Rosa Blanca". El movimiento moldeó su idea de la resistencia no violenta según la de Gandhi y sus seguidores, quienes luchaban contra la discriminación racial de los indios en Sudáfrica. Sus panfletos llamaban a la justicia social al igual que a un regreso a la democracia en Alemania.

La mayoría de los miembros de la Rosa Blanca habían estado en el ejército alemán y vieron de primera mano las atrocidades hechas a los judíos por los nazis. Sus panfletos de protesta describían las ejecuciones en masa y las violaciones de los derechos humanos en los campos de concentración. Ese tipo de escritura, desde luego, estaba prohibida por la ley nazi.

Hans Scholl había sido marcado para hablar en contra del trato de los judíos por algo que había sucedido durante su servicio en el ejército alemán. El catalizador de cambio de su corazón de ser un nazi a ser un reformador llegó cuando vio a una joven mujer judía que era obligada a cavar trincheras. Él pensó en ese momento: *Ahí, si no fuera por la gracia de Dios, podría haber estado yo, o una de mis hermanas.* Hans se inclinó para darle una flor y comida, pero ella se resistió. Él sabía que ella estaba destinada a uno de los campos de concentración y casi a una muerte segura. El evento golpeó de tal modo su corazón que cuando regresó a la escuela de medicina dedicó su joven vida a sus puntos de vista y su fe en Dios.[10] Aquella fue "la experiencia en el camino de Damasco" de Hans. Él nunca volvió a ser el mismo. Después, cuando el obispo Galen arrojó el guante, él no puedo permanecer en silencio. Estaba a punto de hacerse historia por parte de un puñado de creyentes radicales.

Su método al principio fue escribir panfletos y enviarlos anónimamente a personas en toda Alemania. Viajaban a diferentes partes del país los fines de semana y tomaban nombres y direcciones de los directorios de teléfono. Se concentraron en profesores universitarios y dueños de bares: personas de influencia que estaban abiertas a hablar de nuevas ideas.

Después llegó la noticia de la derrota del ejército nazi en Stalingrado. Cientos de miles de alemanes fueron muertos en esa batalla, la mayoría de ellos muchachos de dieciocho y diecinueve años. Unos noventa y un mil alemanes fueron hechos prisioneros de guerra, y solamente seis mil de ellos finalmente lograrían regresar a sus hogares. La inmensa mayoría de aquellos prisioneros de guerra murió de desnutrición, enfermedades, y falta de cuidado médico en campos de concentración rusos.[11]

Yo personalmente he estado con pastores de la zona de la montaña, donde tuvo lugar la mayor lucha de esa batalla. Los rusos eran fieros luchadores, y su ciudad quedó horriblemente mermada. Sus pérdidas fueron inimaginables y, sin embargo, repelieron el ataque alemán.

La noticia de la derrota animó a los siete líderes de la Rosa Blanca a creer que el momento de poner fin a la guerra estaba cerca. Las noches del 4, 8 y 15 de febrero de 1943 el grupo pintó eslóganes anti-nazis en veintinueve lugares diferentes en Munich. Escribieron: "¡Abajo con Hitler!; "Hitler, el asesino de masas!"; y "¡Freiheit! ¡Freiheit! ¡Freiheit!" (¡Libertad! ¡Libertad! ¡Libertad!). Sus vallas eran las paredes de edificios donde tacharon cruces gamadas.

Ellos creían sinceramente que la juventud de Alemania podría derrocar el malvado régimen que Hitler había construido. Produjeron unas nueve mil copias de su sexto panfleto titulado *Compañeros luchadores en la resistencia* —que aquella vez había sido bosquejado por el profesor Huber—, y lo enviaron el 16 y 18 de febrero. Decía:

> Conmovido y quebrantado, nuestro pueblo contempla la pérdida de los hombres de Stalingrado. Trescientos treinta mil hombres alemanes han sido conducidos sin sentido e irresponsablemente a la muerte y la destrucción por la inspirada estrategia de nuestro soldado de primera clase de la Primera Guerra Mundial [refiriéndose a Hitler]...
>
> El nombre de Alemania es deshonrado para siempre si la juventud alemana finalmente no se levanta, se venga y aplasta a sus atormentadores. ¡Estudiantes! El pueblo alemán nos mira.[12]

Todos esos actos enloquecieron a la Gestapo sin tener idea de quiénes eran los culpables. No podían imaginar cómo estaba prosperando esa resistencia. Finalmente, Hans y Sophie fueron agarrados lanzando panfletos desde el balcón de un tercer piso en la universidad de Munich.

Después de su arresto el 18 de febrero de 1943, los nazis se movieron con una rapidez pasmosa contra los tres inicialmente arrestados: Sophie Scholl; su hermano, Hans; y Christoph Probst. Justamente cuatro días después, los llevaron a juicio por traición. Después de que el juez, Roland Freisler, echara pestes de ellos, quedó claro que él no podía concebir cómo niños que habían crecido en bonitas casas alemanas pudieran haber cometido lo que él sentía que eran inmensas atrocidades en contra del Tercer Reich y la patria.

Sophie Scholl sorprendió a todos en el tribunal cuando respondió a Freisler: "Alguien, después de todo, tenía que comenzar. Lo que escribimos y dijimos también lo creen muchos otros; solo que ellos no se atreven a expresarse como nosotros lo hicimos". Más adelante, ella le dijo: "Usted sabe que la guerra está perdida. ¿Por qué no tiene la valentía de afrontarlo?".[13]

Robert y Magdalene Scholl, el padre y la madre de Sophie y Hans, trataron de salir en defensa de sus hijos. Magdalene intentó entrar en la sala del tribunal, diciéndole al guardia: "Pero yo soy la madre de los acusados". El guardia respondió: "Debería usted haberlos educado mejor", y le negó la entrada. Robert Scholl se abrió camino hasta el tribunal, y cuando los guardias lo detuvieron, le dijo al tribunal que había ido para defender a Hans y a Sophie. El juez hizo que lo expulsaran, pero no antes de que toda la sala le oyera gritar: "¡Un día habrá otro tipo de justicia!... ¡Un día ellos pasarán a la historia!".[14]

Yo no puedo concebir el dolor por el que pasaron esos padres. En este momento estoy pensando en mis dos hijos, que ahora tienen treinta y veintiséis años de edad, tratando de ponerme en el lugar de aquellos padres; ¡oh, qué angustia!

El tribunal pronunció la sentencia: muerte por guillotina. La sentencia fue cumplida aquella misma tarde.

Mientras ellos esperaban la ejecución en la cárcel de Stadel-heim, el guardia permitió a Sophie y a Hans que vieran a sus padres por última vez. Los dos fueron valientes y comunicaron su afecto al igual que su convicción. Hans les pidió a sus padres que dieran recuerdos a sus amigos, a quienes nombró. Durante un momento se derrumbó, pero luego los miró con una sonrisa.

La última visita de Sophie fue tan conmovedora que quiero darle el relato escrito del libro *A Noble Treason* [Una noble traición] de Richard Hanser:

Entonces una guarda de la cárcel trajo a Sophie. Ella llevaba su ropa de todos los días, una chaqueta a ganchillo bastante abul-tada y una falda azul, y sonreía. Su madre trató de ofrecerle unos dulces, los cuales Hans no había querido.

—Con alegría—dijo Sophie al tomarlos—; después de todo, ¡no he comido nada!

Ella, también, parecía de algún modo más pequeña, pero había claridad en su rostro y su sonrisa era fresca y no forzada, con algo en ella que sus padres leyeron como triunfo.

—Sophie, Sophie—murmuró su madre, como para ella misma—. ¡Pensar que nunca más pasarás por la puerta!

La sonrisa de Sophie era tierna.

—Ah, madre—dijo ella; aquellos pocos años...

Sophie Scholl miró a sus padres y se mantuvo fuerte en su orgullo y certeza.

—Lo tomamos todo sobre nosotros—dijo ella—; lo que hicimos causará olas.

Su madre volvió a hablar:

—Sophie—dijo con ternura—, recuerda a Jesús.

—Sí—respondió Sophie con sinceridad, casi imperiosa-mente—, pero tú también.

Ella los dejó, a sus padres, Robert y Magdalene Scholl, con su rostro aún iluminado por la sonrisa que ellos querían tanto y que nunca más volverían a ver. Ella mantuvo perfecta-mente su compostura cuando se la llevaron. Robert Mohr (un oficial de la GESTAPO), que había salido de la cárcel para hacer negocios propios, la vio en su celda inmediatamente después, y ella estaba llorando.

Fue la primera vez que Robert Mohr la veía llorar, y ella se disculpó.

—Acabo de despedirme de mis padres—dijo ella—, ya comprende...

Ella no había llorado delante de sus padres. Para ellos había sonreído.[15]

Christoph Probst, el tercer joven, de veintitrés años de edad, se enfrentó a la muerte solo. Nadie de su familia sabía que iba a morir. Su esposa estaba en el hospital porque acababa de dar a luz a su tercer hijo. Después de que un sacerdote católico lo visitara y lo bautizara, Christoph dijo:

—Ahora mi muerte será fácil y alegre".[16]

Los tres, después de que les permitieran una breve visita, se enfrentaron a su muerte con dignidad y victoria. Los observadores comentaron que Sophie caminó sin estremecerse. Hans gritó justamente antes de que le cortaran la cabeza: "¡Larga vida a la libertad!". Se encontró una rosa en su bolsillo, sin duda como una declaración final de que lo que ellos habían hecho para liberar Alemania sobreviviría a sus muertes.

Y la libertad prevaleció en Alemania. Hitler cometió suicidio, y el invencible Tercer Reich fue derrocado. La incondicional posición que aquellos jóvenes adoptaron por sus creencias asombró a una nación, y sigue impactando vidas en todo el mundo mediante la página impresa y los medios de comunicación en la actualidad.

Traudl Junge, una de las secretarias privadas de Hitler, habló con lamento de su servicio a los nazis cuando supo de Sophie Scholl después de la guerra:

Un día yo iba caminando y pasé por el memorial en la calle Franz Josef a Sophie Scholl, una joven que se opuso a Hitler, y comprendí que ella tenía mi misma edad y que fue ejecutada el mismo año en que yo comencé a trabajar para Hitler. En ese momento realmente sentí que no era excusa el ser joven, y que habría sido posible descubrir lo que había estado sucediendo.[17]

Defender la libertad

Durante la misma visita a Alemania en la cual fui a Wittenberg, Reiner me habló sobre la Sociedad de la Rosa Blanca. Cuando oí la historia, y él sugirió que comprásemos algunas rosas blancas para repartirlas durante la conferencia en su iglesia, yo supe que Dios quería que comenzáramos un movimiento totalmente nuevo de jóvenes cristianos que ayudarían a reformar su nación. La iglesia Southstar —donde se realizaba nuestra conferencia— está en una hermosa y antigua catedral que solía ser la capilla militar de Hitler. Desde esa capilla, él desafiaba a sus jóvenes tropas a entregar sus vidas hasta la muerte a él y al Tercer Reich. Después de que yo predicara aquella noche sobre tomar la causa para ver el aborto legal derrocado en Alemania, pareció apropiado que repartiéramos las rosas blancas.

Por tanto, al final del mensaje, me quedé en pie y simplemente dije estas palabras mientras levantaba una rosa blanca: "¿Quién agarrará el manto de Sophie y Hans Scholl y ayudará a comenzar un nuevo mover de Dios en esta nación?".

Fue como si hubiera truenos en aquella antigua catedral. Mientras estábamos en el lugar exacto donde Hitler llamó a una generación a servir a sus propias ideologías racistas y sedientas de sangre, nació un nuevo movimiento. Hombres maduros —afectuosamente conocidos como "robles alemanes" debido a su falta de emociones— pasaron adelante y tomaron una rosa blanca con lágrimas en sus ojos. Hombres y mujeres más jóvenes no fueron diferentes al responder al mismo llamado.

Dulce justicia, ¿no cree? Me pregunto si Dios permitió que la nube de testigos alemanes que están en el cielo mirase desde su palco aquella noche para ver lo que estaba sucediendo. Yo creo que esta reforma tendrá el doble de unción que tuvo la última para reformar su nación.

Dios está buscando más reformadores. ¿Está usted dispuesto a unirse a nosotros?

Oración del reformador

Oh Dios,

Por favor úsame para cambiar las naciones de la tierra. Úsame para cambiar y reformar mi nación. Me entrego a ti.

En el nombre de Jesús.

Amén.

_____

Firma

_____

Fecha

Capítulo Dos

Conectar a las generaciones

Mientras estaba en una colina ventosa en Herrnhut, Alemania, con un pequeño grupo de amigos, apenas podía creer dónde estaba, y me preguntaba sobre quienes habían estado antes que nosotros y que podrían haber orado en aquel mismo punto. Por muchos años yo había oído de la famosa reunión de oración de hacía cien años de los moravos, y en ese momento yo estaba en la aldea donde todo había comenzado. La visita no estaba planeada en mi agenda, pero sí estaba completamente planeada por Dios. Fue otra pieza del puzzle de la reforma que Él estaba haciendo en mi alma.

Habíamos hecho una escala en Praga, República Checa, mientras viajábamos por cinco países europeos de camino a Polonia para otra conferencia. Nuestra amiga Lee Ann nos dijo a otra amiga, JoAnna, y a mí: "¿Les gustaría ir a Herrnhut de camino a Polonia?". Solamente tuvimos que orar durante un segundo antes de gritar: "Sí, ¡vamos!".

Pudimos organizarlo con un descendiente de uno de los originales moravos que habían orado, y fuimos.

La aldea de Herrnhut fue establecida en el año 1722 por refugiados husitas de Moravia —de ahí el nombre de "moravos"— que huían de la persecución de la contra-reforma. *Herrnhut* significa "la vigilia del Señor". La tierra era poseída como parte del estado del conde Nicholas Ludwig Zinzendorf, que tenía veintidós años de edad en el momento en que les otorgó asilo.

Zinzendorf compró la tierra de su abuela, la baronesa von Gersdorf, y estableció la aldea de Berthelsdorf en parte de ella. Poco después formó un grupo al que llamó "la Banda de Cuatro

Hermanos" con tres de sus amigos: Johann Andreas Rothe, pastor en Berthelsdorf; Melchior Schaffer, pastor en Gorlitz; y Friedrich von Watteville, un amigo de la niñez. Se reunían frecuentemente para orar y estudiar, y procedieron a causar un pequeño avivamiento en la región. Imprimieron y distribuyeron grandes cantidades de Biblias, libros, tratados y colecciones de himnos.

Después del establecimiento del grupo, Zinzendorf se trasladó a Herrnhut con su esposa y sus hijos. Los moravos entraron en su vida durante aquella fértil época, pero una vez que los moravos hubieron escapado de las presiones externas de su anterior hogar, la lucha y la división los alcanzó desde dentro. Se habían vuelto fanáticos por la persecución y parecían discutir por todo. En un punto hasta se volvieron contra Zinzendorf y Rothe y los denunciaron como la bestia del Apocalipsis y su falso profeta.

Siendo un hombre de Dios, Zinzendorf se mantuvo firme contra la tormenta. Finalmente, el 12 de mayo de 1727, la comunidad llegó a un punto decisivo cuando Zinzendorf dio un discurso de tres horas sobre la bendición de la unidad cristiana. La congregación se arrepintió, y un avivamiento barrió la aldea. El verano del año 1727 fue un verano dorado para la comunidad, cuyos corazones estaban siendo unidos de nuevo por el Espíritu Santo, pero Dios no estaba satisfecho con un mero avivamiento. A principios de agosto, Zinzendorf y otros catorce hermanos moravos pasaron una noche en conversación y oración. Poco tiempo después, el 13 de agosto, la comunidad experimentó "un día de los derramamientos del Espíritu Santo sobre la congregación; fue su Pentecostés".[1] Fue una experiencia que cambiaría el mundo.

Es por eso que los moravos no solo experimentaron avivamiento aquel verano, sino que hicieron de él una parte permanente de la cultura y el gobierno de su comunidad. Antes del final de ese mes, veinticuatro hombres y veinticuatro mujeres se comprometieron a orar una hora diaria en turnos durante cada hora del día, siete días por semana. Aquella "intercesión de una hora" continuó sin parar durante los siguientes cien años. (¡Ahora debería poder entender por qué ese viaje a Herrnhut marcó tanto mi vida!). Uno de los pasajes clave que Dios les dio durante aquel tiempo se encuentra en Levítico 6:13:

El fuego arderá continuamente en el altar; no se apagará.

Como resultado, los moravos se unieron para convertirse en una comunidad como nada que el mundo había visto nunca antes. Dios estaba con Zinzendorf, y él pudo convertir a la comunidad en un grupo semimonástico basado en la vida familiar en lugar de hacerlo en los típicos celibatos. Ellos vivían y trabajaban juntos en comunidad como agricultores y artesanos. Fue ciertamente una versión de "la ciudad sobre un monte" de Dios desde la cual su luz brillaría por todo el mundo.

Un grupo de Hermanos solteros hizo el voto de perseguir cualquier cosa que Dios les llamara a hacer. En 1731, Lord Zinzendorf conoció a un anterior esclavo africano de la isla de St. Thomas que se había convertido al cristianismo. Él estaba en el tribunal danés mientras Zinzendorf estaba de visita y expresó su deseo de que misioneros fueran a enseñar a su gente. Al saber de eso, la comunidad en Herrnhut respondió con rapidez. Un joven alfarero, Leonard Dober, y David Nitschmann, un carpintero, respondieron al llamado. Mientras que muchos dan el crédito a William Carey por ser el padre de las misiones modernas, los moravos estuvieron entre los primeros protestantes que dejaron Europa para llevar la Palabra de Dios a diferentes grupos étnicos y quienes inspiraron a Carey a hacer lo mismo. Todo lo que hacían los moravos comenzaba con oración, estaba bañado en oración, y se realizaba en oración. El evangelio es reformador, y naciones atadas en oscuridad —tanto individualmente como colectivamente— han sido tocadas como resultado del movimiento misionero comenzado por los moravos.

Una herencia de oración y servicio

Mientras estábamos en Herrnhut, pedí ver el cementerio llamado Acre de Dios, donde llevaban a los moravos para su descanso final después de entregar sus vidas en países extranjeros. Mi amigo James Goll me había hablado de él. Cuando estábamos en la colina justamente debajo de la atalaya, supe que estaba allí para ser marcada por Dios como aquellos que me habían precedido. Supe que en algún punto durante nuestra visita yo sería profundamente cambiada.

Nuestro amigo Christian Winter, cuyos ancestros estuvieron entre los moravos que habían orado durante aquellos cien años, nos llevó por la zona y nos dio explicaciones. (Esto es conmovedor para mí ahora, ya que Christian se ha ido con el Señor. Él y su familia fueron llamados a mantener la vigilia del Señor de veinticuatro horas en Herrnhut). Él explicó que los hombres fueron enterrados en un lado del cementerio y las mujeres en otro.

Mientras caminábamos por las filas, observé los nombres de países escritos: Suriname, Trinidad y otros. Pasamos por la cripta del mismo Zinzendorf, y yo comencé a conmoverme. La presencia del Señor era muy fuerte. Sabíamos que aquella era tierra santa.

Al pasar a otra parte del cementerio, nos detuvimos otra vez y leímos las tumbas. Le pregunté a Christian: "¿Quién está enterrado aquí?", y él respondió: "Los hijos de los misioneros que fueron a campos extranjeros". Entonces observé que sus lápidas tenían también nombres de países. Christian siguió: "Las personas que fueron, enviaron de regreso a sus hijos para que fuesen educados a los seis años de edad. Algunos que regresaron siendo niños nunca volvieron a ver a sus padres en esta vida. Aunque unos cuantos se amargaron, varios de ellos regresaron a los mismos países donde habían servido sus padres". Yo quedé sorprendida por eso. Podía sentir la marca de Dios —una profunda huella de los propósitos de Dios, la fidelidad de Dios, y el amor de Dios— presionando mi alma.

Una historia en particular que yo había oído era sobre un grupo de muchachos adolescentes que se fueron en barcas como misioneros. Sus padres lloraban, sabiendo que era posible que no volvieran a ver a sus hijos. Los jóvenes les gritaban a sus padres: "¡Mamá y papá, no lloren! ¡Vamos por el Cordero y la cruz!".

La cruz y el Cordero. Sí, cuando oí esa historia supe que yo acababa de recibir la fortaleza que necesitaba para continuar con el mensaje: Naciones pueden ser reformadas por medio de seguidores radicales con principios bíblicos revolucionarios para discipular naciones. Quienes habían ido delante de mí, y la historia de sus vidas, me tocaron y marcaron mi vida aquel día para siempre.

Tres hebras envolvieron todo lo que los moravos hicieron. James Goll escribe sobre eso en su libro *The Lost Art of Intercession* [El arte perdido de la intercesión]:

1. Ellos tenían unidad relacional, comunidad espiritual, y vida sacrificial.

2. El poder de su persistente oración produjo una pasión y un celo divinos por el alcance misionero a los perdidos. Muchos de ellos hasta se vendieron a sí mismos como esclavos en lugares como Suriname en Sudamérica a fin de poder llevar la luz del evangelio a sociedades cerradas. Los moravos fueron los primeros misioneros para los esclavos de St. Thomas en las Islas Vírgenes; ellos fueron a lugares extraños llamados Laponia y Greenland, y a muchos lugares en África.

3. La tercera hebra fue descrita por un lema por el que ellos vivían: "Nadie trabaja a menos que alguien ore". Adoptaron la forma de un compromiso colectivo a la oración sostenida y el ministerio al Señor. Esta oración continuó sin detenerse durante veinticuatro horas al día, siete días a la semana, cada día de cada año por más de cien años.[2]

El punto 3 merece un examen más detallado, pues hubo un matrimonio de oración intercesora y trabajo del que nosotros necesitamos aprender en nuestra generación.

Parece estar surgiendo de nuevo actualmente en el movimiento de oración 24-7. Este tipo de intercesión es tan importante que voy a emplear todo un capítulo hablando de su importancia para reformar naciones.

Otra pieza del rompecabezas

No mencioné anteriormente, por mi entusiasmo al hablar de nuestra visita a Herrnhut, que nuestra parada en Praga tampoco estaba planeada en el viaje original. En aquel momento yo estaba orando acerca de escribir este libro, y mi visita a Praga era parte del sendero de la reforma del que yo no sabía.

Praga es una ciudad magnífica, pero yo no conocía mucho de su historia hasta que estuvimos en una plaza mirando a la estatua de bronce de un hombre llamado John Huss. Mientras leía la placa, comprendí que ese era el hombre cuyas enseñanzas habían inspirado por primera vez a los moravos y le hicieron mártir. Me picaba la curiosidad. ¿Quién fue aquel reformador?

John Huss es conocido como el reformador de Bohemia (la zona que ahora es la República Checa). Una de las cosas "heréticas" que él enseñaba era que la gente debería poder leer la Biblia en su propio idioma. Anteriormente a su época, solamente al clero se permitía leer la Palabra, y estaba en latín. Huss había sido muy influenciado por los escritos de John Wycliffe, quien también creía que la gente debería poder leer la Biblia en su propio idioma. Es difícil para nosotros actualmente imaginar por qué eso debería ser una cosa tan revolucionaria. Huss era un hombre con educación y fue nombrado rector en la universidad en Praga. Durante un periodo de su vida, halló gran favor con la gente común y también con la nobleza. Los líderes hoy día le dirán que el favor puede ser fugaz, así que no se tenga en demasiada estima si está usted en lo más alto; las mismas personas que le quieren un día podrían crucificarlo al día siguiente; ¡pregúntele a Jesús!

Cuanto más estudiaba John Huss la Escritura, más comprendía lo lejos que la Iglesia se había apartado de las sanas creencias bíblicas. Una de las prácticas que le resultaba más ofensiva era de la que Martín Lutero hablaría en contra un siglo después: la de la venta de perdón mediante indulgencias. En otras palabras, uno podía pagar para ser perdonado y acortar su tiempo en el purgatorio. No solo eso, sino que también se podía comprar a los amigos y familiares un pasaje seguro al cielo, aunque ellos ya hubieran muerto. Una vez más, para la mayoría de los cristianos actualmente es absolutamente absurdo pensar que alguien pudiera creer tal cosa, pero es porque nosotros podemos leer la Biblia en nuestro propio idioma y descubrir la verdad por nosotros mismos.

Huss se volvió más radical en sus palabras y escritos a medida que pasaba el tiempo. Su predicación en la iglesia Bethlehem Chapel era en checo, el idioma común de la gente, contrariamente a la liturgia en latín a la que estaban acostumbrados. En el año 1403 su universidad prohibió un debate que él había escrito sobre cuarenta y cinco tesis tomadas en parte de Wycliffe. El liderazgo y el personal universitario pronto catalogaron sus escritos como heréticos y pidieron que regresara a la doctrina aceptada; sin embargo, la verdad ya le había cambiado, y él no pudo ceder. Como respuesta a las peticiones de ellos, escribió:

Aunque tuviera que estar frente a la hoguera que ha sido preparada para mí, nunca aceptaría la recomendación teológica del profesorado.[3]

Durante ese tiempo, un consejo general en Roma condenó los escritos de Wycliffe, el traductor de la Biblia, y ordenó que fueran quemados. Doscientos de sus manuscritos fueron agarrados y destruidos. Además, toda la predicación libre, como la que John Huss hacía, debía detenerse, o quienes la llevaran a cabo pagarían consecuencias extremas. Los fuegos de la persecución se calentaron aún más después de eso, y Huss huyó al exilio virtual. Siguió con sus escritos y proclamó que el fundamento de la Iglesia era Cristo, y no Pedro. Esa era la misma postura que Agustín había adoptado en sus *Retractions* [Retracciones].[4]

La persecución se convirtió en traición cuando se convocó un concilio general en Constanza, Suiza, y Huss fue llamado ante él. El santo emperador romano, Segismundo, prometió su seguridad en los viajes de ida y de vuelta, y Huss le creyó, aunque sus amigos le advirtieron que era una trampa. Desgraciadamente, sus amigos resultaron tener razón y el emperador no le protegió, por temor a ser hecho responsable de dar cobijo a un hereje. Cuando Huss llegó a Constanza, fue encarcelado durante setenta y tres días y encadenado. Durante ese periodo también se le negó el contacto con amigos y le alimentaron muy mal. Como resultado de su edad y de las condiciones de su celda, enfermó peligrosamente y sufrió mucho debido a ello.

El día 5 de junio de 1415 lo juzgaron por primera vez. Todo el tiempo John Huss pidió ser procesado solamente por delitos contra la Escritura y proclamó que estaba dispuesto a retractarse si ellos podían demostrarle que él había violado cualquiera de ellos. Por el contrario, fue procesado por su apoyo y defensa de las enseñanzas de Wycliffe, algunas de las cuales él nunca había enseñado ni abordado de ninguna manera. Como respuesta a ser condenado a muerte el día 6 de julio de 1415, él exclamó:

Oh Dios y Señor, ahora el concilio condena aun sus propios actos y sus propias leyes como herejía, como tú mismo pusiste tu causa delante del Padre como el juez justo, como ejemplo para nosotros, siempre que somos amargamente oprimidos.[5]

Seis obispos le quitaron a Huss sus ropas clericales y le pusieron en la cabeza un gorro alto cubierto con dibujos del diablo. Le excomulgaron y entregaron su alma al diablo.

Cuando él llegó al palacio Episcopal, vio un montón de leña y pensó que sería allí donde lo ejecutarían. Por el contrario, hicieron una fogata con la leña y llevaron sus escritos y los lanzaron a las llamas. Después de obligarle a ser testigo de ello, siguieron adelante y se detuvieron en una amplia zona, donde habían apilado madera y paja. Entonces tomaron unas vestiduras preparadas con brea y alquitrán y se las pusieron encima. Aseguraron su cuello y sus piernas a la hoguera. Apilaron más paja, hasta su barbilla, para asegurarse que él se quemara en una gran hoguera. Luego encendieron la paja con el propio manuscrito de John Wycliffe a la vez que Huss cantaba: "Cristo, Hijo del Dios vivo, ten misericordia de mí". Con su último suspiro, profetizó: "Ahora van a quemar a un *ganso* (*Huss* significa "ganso" en bohemio), pero dentro de un siglo tendrán un cisne al que no podrán ni asar ni cocer".[6] Apenas cien años después, en 1517, Martín Lutero clavó sus famosas Noventa y nueve Tesis de la Contención en la puerta de la iglesia en Wittenberg. La profecía de John Huss se había cumplido.

Una vida de reforma

Una tercera pieza de este puzzle que Dios formó para mí en el pensamiento reformador había sucedido unos años antes cuando mi esposo, Mike, y yo íbamos conduciendo por los campos de Pennsylvania. Estábamos ministrando en Allentown, y una ciudad vecina se llama Bethlehem. Cerca de Bethlehem hay una pequeña ciudad llamada Nazaret. Observemos todos los nombres bíblicos que había en la zona, incluyendo el arroyo Jordán que fluye por Allentown.

Mientras conducíamos, de repente recordé haber oído de un amigo que los moravos se habían asentado allí desde Herrnhut.

¿Podría ser aquella otra pieza de mi viaje?, me pregunté. Con emoción le pregunté a mi amiga Marilyn si había un museo moravo de algún tipo en la región. Ella dijo que sí, que había uno en Bethlehem. Yo exclamé: "¡Vamos!". Y Mike y yo y nuestra joven amiga Laura nos dispusimos a comenzar una aventura para aprender más sobre su asentamiento. Cuando entramos al museo, ¡yo apenas pude creer lo que estaba viendo! Los moravos del condado de Zinzendorf habían llegado allí para establecer una comunidad para evangelizar a los norteamericanos nativos y ministrar a los esclavos afroamericanos de la zona. Seguir la huella de su viaje fue fascinante. Primero llegaron a Nazaret (a unos seis kilómetros de Bethlehem) desde Georgia en el año 1740, para asentarse por invitación de George Whitefield, el gran evangelista británico. Él quería construir un hogar para los huérfanos afroamericanos.

Durante su viaje desde Inglaterra varios años antes, dos jóvenes, John y Charles Wesley, viajaron en el mismo barco con su grupo. Mientras estaban a bordo, se produjo una gran tormenta, y los moravos no mostraron temor sino que se reunieron para cantar himnos y adorar a Dios. John Wesley, aunque era ministro, aún no había nacido de nuevo; quedó tan impactado por la tranquilidad de ellos ante el prospecto de una posible muerte que fue inspirado a saber más de ese tipo de "fe de corazón". Después de que John regresara a Inglaterra, otro moravo, Peter Bohler, finalmente le conduciría a una revelación personal de Jesucristo. Fue tras aquella "experiencia de conversión" que John lanzó las series de grandes avivamientos en Inglaterra que fueron parte de lo que llegó a conocerse como el Gran Despertar. Ellos también demostraron ser los comienzos del movimiento metodista.

Según los relatos que había en el museo, los moravos inicialmente se financiaron mediante el patronato de Zinzendorf. Ellos planearon provisiones para su pueblo y los alimentaron bien antes del viaje a Estados Unidos, a fin de que se embarcaran con la salud suficiente para hacer el viaje a la nueva tierra. Una vez establecidos, tuvieron una increíble unción para los negocios enfocada en apoyar su esfuerzo misionero.

Es fascinante hasta qué punto llegó la influencia de Zinzendorf durante su vida. Él mismo fue muy impactado por su padrino,

Philipp Jacob Spener, el padre del movimiento pietista. El padre del joven conde había muerto solamente seis semanas después de que él naciera, y por eso su padrino tuvo un lugar importante en su vida. Spener soportó persecución mientras estaba en el profesorado teológico en Wittenberg y fue despedido en el año 1695 por 264 errores. Solamente su muerte le liberó de la oposición que afrontaba.

Una unción generacional desde su línea espiritual fue traspasada al joven Zinzendorf, que fue formado, al igual que Martín Lutero, como abogado e inicialmente siguió una carrera diplomática. La piadosa madre de Zinzendorf, Catherine von Gersdorf, también ayudó a moldear su vida y su carácter. Esta mezcla y derramamiento desde una generación a otra fue muy importante. Es igualmente importante hoy día para las diferentes generaciones permanecer conectadas y aprender continuamente unas de otras.

Siendo adolescente, Zinzendorf formó una sociedad llamada el Orden de la Semilla de Mostaza. Esa sociedad consideró utilizar su influencia como jóvenes nobles para difundir el evangelio. Más adelante, cuando Zinzendorf era adulto, reactivó la sociedad y reclutó a otros influyentes miembros, como el rey de Dinamarca, el arzobispo de Canterbury, y el arzobispo de París. Es fascinante, a la luz del énfasis que el Señor está poniendo en el mundo laboral y en los negocios, ver cómo un joven de gran riqueza utilizó su dinero y su influencia para cambiar el mundo.

Una vez en Nazaret, los moravos construyeron dormitorios para las treinta y dos parejas casadas que habían llegado desde Herrnhut. También construyeron una "Casa de hermanas" para las mujeres solteras y una "Casa de hermanos" para los hombres solteros. Además, construyeron una "Casa de viudas" para las viudas de misioneros moravos. (No estoy proponiendo que vivamos así en la actualidad, aunque algunos podrían quererlo, pero hay lecciones que sacar del modo en que los moravos vivían juntos en comunidad). Después de comenzar en Nazaret, se trasladaron a Bethlehem.

Los moravos fueron tan innovadores a la hora de construir comunidades que varias personas acudieron a ver lo que habían hecho, entre los cuales se incluían John Adams, entonces del Congreso Continental y más adelante presidente de los Estados Unidos.

John escribió a su esposa Abigail acerca de Bethlehem. Por sus cartas sabemos que ellos tenían un sistema económico compartido basado en la vida en comuna.

En esas ciudades que surgieron, todos trabajaban para el bien de la comunidad. A cada uno se le asignaba una tarea que aprender cuando era niño y era aprendiz en esa profesión. De ese modo, cada uno seguía su papel único a la hora de satisfacer las necesidades de la comunidad, desde alimentos hasta vestido, cuidado médico o fundiciones. Ellos también destacaron en la construcción de instrumentos musicales, no sorprendente para un grupo al que le encantaba cantar alabanzas a su Señor. Inicialmente, recibieron todo lo que necesitaban para mantener la vida en lugar de salarios. Alrededor del año 1760, el mismo año en que el conde Zinzendorf murió, esa práctica fue abandonada a favor de recibir los tradicionales salarios.

Como músico, yo quedé fascinada por las historias de sus trombonistas, que tocaron música en los varios momentos importantes en la vida de la comunidad. Por ejemplo, si alguien moría, ellos iban a los tejados de las casas y tocaban ciertas melodías para informar a todos de la muerte.

También eran famosos por sus pintores y escritores de cantos. Sin embargo, una de sus contribuciones más importantes a la sociedad moderna llegó con el desarrollo de un sistema educativo por grados para los niños. Otra innovación educativa, introducida por Comenius —un moravo que no estaba en aquella comunidad pero que los influenció—, fue los libros ilustrados. También importante para la comunidad fue la escuela de idiomas para formar a nuevos misioneros que serían enviados a grupos no alcanzados. La educación es una parte tan importante de la reforma y la renovación de las mentes de una nación que no puede subrayarse demasiado. Estas son claves para entender la función de una nación santa.

Los moravos tenían una comunidad con propósito. Existían para algo mayor que ellos mismos y su subsistencia cotidiana y bienestar. Dios les había dado una pasión por ver a estadounidense nativos ser salvos, al igual que afroamericanos; sin embargo, su mandato fue mucho más allá de la salvación, a la reforma social por medio de la educación y el desarrollo comunitario. Ellos formaron una de las primeras sociedades verdaderamente integradas. El racismo era desconocido en sus aldeas. De hecho, una de las historias que leí era acerca de una visita de emisarios de los nanticokes y los shawnees, que dijeron que también representaban a los delaware y los mohicanos. En la historia de un pacto hecho entre ellos y los moravos que habían llegado como misioneros, el líder nativo continuamente se dirigía a quienes él denominaba "sus hermanos marrones y blancos" como una tribu.

Los moravos eran cristianos no solo en palabra, sino también en hechos. Ellos se aventuraron a encontrar a los nativos donde ellos estaban pasando hambre y los ayudaron. Debido a eso, los nativos vieron el amor de Cristo y le quisieron como su Salvador.

Aunque los moravos no eran perfectos, y la estructura societal que establecieron no perduró, sus logros fueron hitos en la historia del Reino de Dios. Aunque se les ha pasado mucho por alto, su ejemplo y su cultura tienen tremendas lecciones para nosotros en la actualidad, en especial si hemos de convertirnos en reformadores de naciones.

La unidad de la verdad

Aunque estas historias están divididas por siglos en un mundo donde la comunicación era mucho más difícil de lo que es en la actualidad, es interesante que tengan tanto en común. Por ejemplo, Lutero habló en contra de muchas de las mismas cosas que Huss, cuando es improbable que tuviera acceso a los escritos de Huss. Lutero estuvo *en contra* de las indulgencias, y *a favor* de una Biblia traducida a la lengua común a fin de que todos pudieran entenderla. Uno de los principales logros de Lutero fue la traducción de la Biblia al alemán. Eso, junto con la anterior invención de la imprenta de Gutenberg, permitió que ejemplares de la Biblia fueran puestos en manos de las personas comunes. La Biblia de Lutero contribuyó en gran manera a la convergencia del idioma alemán moderno, y es considerada como un hito en la literatura alemana. La edición de 1534 también tuvo una profunda influencia en la traducción de William Tyndale y también en la Biblia King James.[7]

¿Qué literatura compartieron en común Huss, Lutero y Zinzendorf que los influenció igualmente? Más que ninguna otra cosa, fueron las Santas Escrituras. Aquellos hombres llegaron a una fe inamovible en Dios y a una convicción de verdad cuando escogieron considerar la Biblia la base de todas las cosas pertenecientes a la vida y la piedad. Fue la base de la Reforma misma, y sigue siendo la base de la reforma individual, cultural y nacional en la actualidad.

Necesitamos comprender que aquellos hombres no fueron grandes debido a ninguna característica especial que tuvieran. Lutero era un hombre con pies de barro, y más adelante en su vida llegó a amargarse contra los judíos y escribió cosas horribles contra ellos. Aunque eso no se justifica, podemos ver que Dios también utilizó a Lutero de muchas maneras que nos siguen tocando hoy día. ¿Por qué? Porque cuando él se alineó con la Palabra de Dios se produjo una grande y poderosa transformación, y cuando no lo hizo, cayó en el error como cualquier otra persona haría. Necesitamos entrar en la Palabra nosotros mismos a fin de poder vivir de acuerdo a ella tanto como hicieron los buenos ejemplos de nuestro pasado.

Como reformadores, debemos entender que siempre debemos apoyarnos sobre los hombros de aquellos que han caminado delante de nosotros. Muchos de ellos pagaron un alto precio como aradores de la tierra en la verdad a fin de que nosotros pudiéramos tener la libertad de vivir según la Palabra escrita hoy día. Por eso las generaciones deben permanecer conectadas no solo en las relaciones, sino también en el conocimiento. Necesitamos conocer los senderos que otros han transitado a fin de poder edificar sobre el fundamento que ellos han puesto y no repetir sus errores.

Mi mentor, Peter Wagner, ha pagado un alto precio por estar dispuesto a liberar las cosas nuevas que Dios está revelando a su pueblo por medio de las Escrituras. Un día yo estaba mirando una revista y descubrí que en la primera mitad los escritores le estaban reprendiendo por sus escritos sobre el crecimiento de la iglesia, y en la segunda mitad criticaban sus enseñanzas sobre la guerra espiritual. Él me dijo en una ocasión que sencillamente se ríe de esas cosas, ¡y comprueba si han deletreado bien su nombre! Aunque él está muy interesado en ser bíblicamente correcto, no tiene temor a correr riesgos o a defender las cosas impopulares que Dios le ha mostrado en la Palabra.

Yo le había oído hablar un día sobre lo que él denomina "la difusión de la innovación" durante un mensaje, y le llamé por teléfono para preguntarle más sobre ello. Él dijo: "Oh, escribí sobre eso en mi libro *Confronting the Powers* [Confrontando a las potestades] (uno de sus primeros libros sobre el tema de la oración y la guerra espiritual). Más adelante aquel día me envió la referencia. Lo siguiente es lo que él dijo sobre el proceso que se produce alrededor de la verdad reformadora:

> Los científicos sociales proponen lo que ellos denominan "difusión de la teoría de la innovación", en la cual explican que siempre que cualquier idea nueva es introducida en redes sociales, un proceso predecible se pone en movimiento. Cuatro tipos de respuestas secuenciales normalmente siguen a las iniciativas de los innovadores. Se denominan: (1) primeros seguidores, (2) seguidores medios, (3) seguidores tardíos, y (4) no seguidores. Esto sucede también en la comunidad cristiana y en la sociedad en general. Pocos hoy día recuerdan que cuando un innovador, Robert Raikes, propuso el movimiento de la escuela dominical, se dirigió una fuerte crítica contra él desde muchas direcciones. Menciono eso porque ahora vivimos en una generación en la cual sería extremadamente raro encontrar a un líder cristiano que se opusiera a la escuela dominical en principio. La controversia más intensa se produce durante el periodo de los primeros seguidores, que es exactamente donde las ideas que giran en torno a la guerra espiritual de nivel estratégico se encuentran en la actualidad.[8]

Peter Wagner ha pasado por cierto número de cambios de paradigma durante sus muchos años como ministro ordenado. Uno solamente tiene que leer los más de setenta libros que él ha escrito para saber eso. En *Confronting the Powers* él habla de un tiempo en que él se unió a John Wimber durante el movimiento de evangelismo de poder:

En los años ochenta John Wimber y yo fuimos muy critica-
dos por el evangelismo de poder y nuestras enseñanzas sobre
la sanidad divina, los milagros y el echar fuera demonios. Las
fuertes voces que aún ponen objeciones a esas cosas en principio ahora son pocas y alejadas entre ellas.[9]

Aunque yo no he pasado por las tormentas tan grandes que
Peter Wagner ha pasado, puedo mirar atrás y recordar la etapa de
primer seguidor en temas como la guerra espiritual, la profecía y las
mujeres en el ministerio, por nombrar unos cuantos. La mayoría de
esos movimientos están ahora en la etapa de seguidor medio a tar-
dío. Desde luego, sigue habiendo algunos que son no seguidores y
enseñan en contra de esas prácticas y doctrinas.

Gilbert Bilezikian subraya un punto importante que todos
debemos aprender para ser un reformador cuando dice:

Cada generación de cristianos necesita examinar sus creencias
y prácticas bajo el microscopio de la Escritura para identificar
y purgar esos acrecentamientos mundanos que fácilmente nos
acosan, y para proteger celosamente la libertad adquirida a un
alto precio para nosotros —tanto hombres como mujeres—
en el monte Calvario.[10]

Hoy día, al igual que en tiempos de Huss, Lutero y los moravos,
Dios está llamando a creyentes de todas las generaciones a levantarse, escuchar al Espíritu Santo juntos, y hacer ajustes en nuestras
estructuras religiosas sin temor a la persecución. Con demasiada
frecuencia hay un deseo de resistirse a algo nuevo que Dios esté
haciendo por causa de las tradiciones que no se encuentran en ningún lugar en la Biblia. Otros quieren mantener su control y sus
posiciones de poder en un cuerpo eclesial en lugar de permitir que
Dios haga las cosas a su manera. Ellos escogen ceder a los espíritus
religiosos y al legalismo en lugar de dejar que Dios toque vidas y
transforme sus comunidades. Tales espíritus religiosos son malos y
a menudo mortales, pero eso nunca debería evitar que sigamos el
Camino, la Verdad y la Vida.

Esto me recuerda una conversación que tuve un día con mi papá predicador. Yo dije: "Papá, ¿qué debería hacer si descubro que el modo en que hemos creído sobre diferentes temas no es correcto?". Mi papá sonrió con ese tipo de sonrisa que me hacía sentir como si yo fuera la persona más importante en el mundo, y dijo: "Cariño, nunca temas buscar la verdad. Si la tienes, no la perderás". Ese fue un consejo realmente bueno, y me ha dado la confianza de ser una primera seguidora en varios nuevos movimientos de Dios sin temor.

El temor mutila a los innovadores. Mientras que todos puede que tratemos con él a veces, como aquellos llamados a cambiar el mundo no podemos dejar que nos detenga. Tenemos que estar siempre dispuestos a hablar la verdad en amor y defender las convicciones bíblicas que Dios ha puesto en nuestros corazones.

Seguimos tras grandes pasos cuando miramos atrás a las generaciones de reformadores que han caminado antes que nosotros. Cada uno de nosotros también dejará algún tipo de legado a quienes sigan después de nosotros. Yo quiero que el mío sea bueno, y sé que usted quiere que el suyo también sea bueno.

CAPÍTULO TRES

DISCIPULAR A LAS NACIONES

Imagine un mundo donde pueda encender el televisor y no tenga que comprobar lo que sus hijos ven. El crimen violento es inusual. La Internet no necesita filtros de contenido. ¿Y las ciudades grandes donde la gente pregunta cuál es la parte mala de la ciudad y usted responde: "Mi ciudad no tiene una zona así. Ninguno de nosotros es malo"?. Piense en la posibilidad de abuelos que sacan a pasear a su perro después del atardecer en el centro de la ciudad sin miedo a que los asalten. Imagine los servicios sociales del gobierno y las oficinas de beneficencia cerrados porque esas necesidades están siendo satisfechas por las iglesias locales y organizaciones sin ánimo de lucro basadas en la fe. La violencia de las pandillas, los sin hogar, los traficantes de droga y los tiroteos desde los autos son cosas del pasado.

Usted pregunta: ¿Utopía? Yo respondería: "No, lo que estoy describiendo es una nación discipulada y enseñada del Señor".

¿Le dio un vuelco el corazón cuando leyó este primer párrafo? ¿Comenzó a crecer un anhelo por eso? Mi corazón anhela ver todo eso suceder en mi ciudad. Sin embargo, ¿es realmente posible, o tenemos que esperar hasta el regreso de Cristo? No estoy diciendo que no habrá más maldad o pecado en el mundo; sin embargo, al igual que hay áreas del mundo que son muy seguras, con pocos o ningún delito, yo creo que, con el poder de Dios, podemos discipular a nuestras ciudades hasta que esto se convierta en la norma también para nosotros. Solamente mire cómo las comunidades que asisten a las iglesias difieren de aquellas donde Dios no es conocido o valorado.

¿Cómo podemos inclinar la balanza a favor de Dios? ¿O es si quiera posible? Consideremos algunos pasajes bíblicos y veamos lo que usted piensa. El concepto de discipular a naciones del que escribí en el capítulo uno no comienza con las últimas palabras de Cristo en la tierra en la Gran Comisión. Todo comenzó en el huerto.

El plan original de Dios

El huerto del Edén era un lugar hermoso, lleno de orden, funcionando según el diseño de Dios. La ley de Dios era universalmente obedecida. Adán y Eva, la primera pareja, fueron creados a imagen de Dios con un propósito, y se les dio un mandato terrenal:

> Fructificad y multiplicaos; llenad la tierra, y sojuzgadla, y *señoread* en los peces del mar, en las aves de los cielos, y en todas las bestias que se mueven sobre la tierra.
>
> Génesis 1:28

¿Seguimos teniendo ese mismo propósito y mandato hoy día como seres humanos creados a imagen de Dios? Este pasaje sobre el dominio nunca ha sido rescindido, así que nuestra respuesta debería ser sí. Eso no cambió con la caída. Simplemente tiene sentido que el propósito original de Dios para la humanidad en la tierra nunca haya cambiado.

Ser creados a imagen de Dios tiene un margen amplio que es gubernamental en naturaleza. Ese gobierno consiste en un Rey y sus regentes nombrados sobre su Reino en la tierra. La versión de la Biblia *Nelson's New King James Study Bible* hace el siguiente comentario sobre que seamos hechos a imagen de Dios:

> En tiempos antiguos un emperador podría mandar hacer estatuas de sí mismo para ser situadas en partes remotas de su imperio. Esos símbolos declararían que esas zonas estaban bajo su poder y reinado. Así, Dios puso a la humanidad como símbolos vivos de sí mismo sobre la tierra para representar su reino. Somos hechos para reflejar su majestad sobre la tierra, para *tener dominio*: Gobernar como regentes de Dios.[1]

Cuando leí esas palabras, pensé: *¿Por qué no hemos cumplido ese propósito?* Al echar una mirada a la tierra hoy día uno puede ciertamente decir que ni siquiera hemos comenzado a llenar, someter y tener dominio sobre la tierra en ninguna manera positiva. Hebreos 2:5–9 reconoce esto. En cambio, vemos pobreza, violencia, enfermedad, hambre, guerras interminables y otros importantes problemas.

Nuestro mandato de Génesis de llenar, someter y tener dominio sobre la tierra nos recuerda que Dios nos ama, a sus hijos, pero también ama al mundo. Él quiere que *el mundo* sea salvo. Él lo dice en Juan 3:16: "Porque de tal manera amó Dios al mundo, que ha dado a su Hijo unigénito, para que todo aquel que en él cree, no se pierda, mas tenga vida eterna". Dios amó de tal manera el *mundo* o *kosmos*. El diccionario *Thayer's Greek Lexicon* dice que eso significa "un apto o armonioso arreglo u orden constitucional". Tendemos a interpretar este pasaje referido solamente a nuestra salvación del infierno. Aunque se refiere a eso, salvación significa mucho más que el escape del juicio; también significa que Dios ama a su creación: la tierra misma. De otro modo, ¿por qué no diría "porque de tal manera amó Dios a *la humanidad* que dio a su Hijo unigénito"?

Necesitamos entender que el principal énfasis de Jesús no fue el evangelio de salvación sino el evangelio del Reino de Dios. La primera enseñanza de Jesús no fue: "Arrepentíos para poder ser salvos", ni siquiera "Dios les ama y tiene un plan maravilloso para sus vidas", sino "arrepentíos, porque el reino de los cielos se ha acercado" (Mateo 4:17). Jesús no estaba buscando convertidos a una nueva religión; Él estaba invitando a personas a un nuevo reino, con un nuevo gobierno y un nuevo Rey. Estaba invitando a personas a vivir el cielo en la tierra. Veamos de nuevo su primer sermón registrado y las razones de su venida:

El Espíritu del Señor está sobre mí,
Por cuanto me ha ungido
para dar buenas nuevas a los pobres;
Me ha enviado a sanar a los quebrantados de corazón;
A pregonar libertad a los cautivos,
Y vista a los ciegos;

A poner en libertad a los oprimidos;
A predicar el año agradable del Señor.
Hoy se ha cumplido esta Escritura delante de vosotros.

Lucas 4:18–19, 21

En las propias palabras de Jesús, Él dijo que su Reino se dirigiría a los pobres, los enfermos mental y emocionalmente, los físicamente enfermos, los ciegos, y quienes buscaran justicia. Jesús no estaba solamente creando la Iglesia; Él estaba describiendo el nuevo gobierno del reino de los cielos.

Jesús no estaba buscando hacer que *las personas* cambiaran tanto como estaba buscando hacer que *los reinos* cambiaran. Él quería liberar al pueblo de Dios, y a cualquier otra persona que le aceptara a Él como Señor y Salvador, llevarlos del reino de la oscuridad al reino de la luz. Él quería sustituir la justicia del hombre —política, social y religiosa— por la justicia de Dios. No estaba buscando derrocar el poder del César sino llevar a todo el Imperio romano al Reino de Dios.

Dios creó el mundo —y lo sigue amando en toda su creación—, y nos ha puesto aquí en la tierra para ser sus administradores. Nosotros somos sus regentes y embajadores en la tierra. En otras palabras, Dios amó tanto al mundo que quiso que no solamente nosotros como individuos fuéramos salvos en todos los sentidos de la palabra, sino que también los sistemas del mundo que Él creó fueran redimidos —vueltos a comprar y vueltos a traer— a los planes iniciales que Él tenía para ellos. Esto incluye el medioambiente. Seguimos siendo *administradores* de la tierra al igual que de todas las cosas vivas que hay en ella.

Vivir en el Reino de Dios

Uno de los nuevos movimientos que estamos viendo desarrollarse en nación tras nación hoy día es en el mundo laboral o los negocios. Dios está llamando a hombres y mujeres a dirigir sus negocios según principios bíblicos. Siguiendo este ejemplo, líderes en derecho, el gobierno, el mercado inmobiliario, las ciencias y otras instituciones de la sociedad también están oyendo el llamado de Dios a regresar a sus preceptos en cada uno de sus campos.

Uno de los conceptos clave de la Reforma fue *coram Deo*: toda la vida se vive "delante del rostro de Dios". En otras palabras, no había separación entre lo sagrado y lo secular; uno no hacía cosas de lunes a sábado de las que necesitara arrepentirse el domingo. Por el contrario, uno vivía toda la vida como si fuera iglesia todo el tiempo; solamente *los medios* de adoración cambiaban de día a día. El domingo podría adorar a Dios con cantos y escuchando la Palabra, y el jueves sería de la manera en que realizara sus obligaciones cotidianas en el trabajo y el modo en que tratara a la gente con la que se relacionara.

El Espíritu Santo saca a la luz los temas de *discipular, enseñar* y *ser administradores* del mundo mediante dos pasajes revolucionarios y quebrantadores de paradigmas de la Escritura. El primero tiene lugar cuando Jesús está en una sesión de mentoría con sus discípulos, enseñándoles sobre la oración. Lo llamamos el Padrenuestro, aunque sería más preciso llamarlo la Oración del Discípulo.

Mi viaje hacia ser una reformadora y discipuladora de naciones en realidad comenzó con mi estudio sobre la oración. Mi primer libro, *Possessing the Gates of the Enemy* [Poseamos las puertas del enemigo], habla sobre la intercesión. Yo he sido una estudiante de oraciones en la Biblia a lo largo de mi ministerio. Cuando escribí *Possessing*, no entendía plenamente cómo la intercesión y el mandato de Dios de que tengamos dominio sobre la tierra se unen en esta oración. Notemos que la oración es colectiva en naturaleza, y no personal.

Padre nuestro que estás en los cielos,
    santificado sea tu nombre.
Venga tu reino.
Hágase tu voluntad, como en el cielo,
    así también en la tierra.
El pan nuestro de cada día, dánoslo hoy.
Y perdónanos nuestras deudas,
    como también nosotros perdonamos a nuestros
    deudores.

Y no nos metas en tentación,
mas líbranos del mal;
porque tuyo es el reino, y el poder, y la gloria,
por todos los siglos. Amén.

Mateo 6:9–13

Cuando estudié esta poderosa oración me vino el pensamiento: *¿Realmente creo que debería orar para que la voluntad de Dios se haga en la tierra?* Mi siguiente pensamiento fue: *¿Cuál es la voluntad de Dios en la tierra ahora?*

Sé que hay un reino futuro, pero la Biblia también habla del presente Reino de Dios. ¿Qué es posible aquí en la tierra hoy día? ¿Cómo es el presente Reino de Dios? No comprendía que yo estaba pasando por un cambio radical y reformador a la hora de entender mi papel en la tierra como creyente en Cristo.

Después de estudiar Mateo 6:9–13 comprendí que esta era una oración intercesora para alguien que es llamado no solo a hacer discípulos de individuos sino también de naciones. Si hemos de orar para que venga el Reino de Dios y se haga su voluntad en la tierra, entonces es imperativo que también aprendamos cómo *hacer* la voluntad de Dios.

Cuando leía esta oración, de repente pensé: *Si parte de esta oración es para el aquí y ahora —que debemos trabajar para ver a Dios ser Señor no solo sobre nuestros asuntos familiares sino también sobre nuestras ciudades y naciones—, entonces el resto de la oración debe entenderse según esa misma idea. No es solo para el individuo; también es una oración de intercesión por las naciones.*

Con ese pensamiento en mente, comencé a estudiar cada parte de la oración.

Padre nuestro que estás en los cielos,
santificado sea tu nombre.

Santificado, según el diccionario Thayer's Bible Dictionary, significa "considerar o declarar santo, consagrado, o separar de las cosas profanas y dedicarlo a Dios". Podríamos parafrasearlo diciendo: "Padre, *santo* es tu nombre". Debido a que eso es cierto, la inferencia bíblicamente es: "Dios, que tu nombre sea santo y reverenciado en cada aspecto de nuestra vida del Reino. Santo sea tu nombre en mi barrio, en mi ciudad y en mi sociedad". "El pan nuestro de cada día, dánoslo hoy" tiene el significado más amplio de pedir a Dios que nos dé un plan para alimentar a los pobres a gran escala y tratar con la pobreza sistemática alrededor del mundo. Es santo y justo hacer esas cosas, y Dios nos ayudará a hacerlas si le pedimos su sabiduría para cómo hacerlo.

Pedir perdón por nuestras deudas podría incluir seguir el plan económico de Dios para librar a las personas de la pobreza y la férrea atadura de siempre deber dinero a otros. Quien pide prestado, después de todo, es siervo del que presta (ver Proverbios 22:7).

De hecho, estas premisas son tan amplias que voy a tomar capítulos enteros y explorarlas a medida que profundizamos en nuestro papel como creyentes en la tierra tal como se relaciona con la justicia, el gobierno, la economía, la educación, y otros asuntos del reino de los cielos que se abordan en esta oración.

¿Cuál es la voluntad de Dios para la tierra?

Si hemos de orar "hágase la voluntad de Dios", ¿no tiene sentido ver cuál es la voluntad de Dios tal como está expresada en la Biblia? Él dejó clara una parte de su voluntad en su último mandato a sus discípulos: "Vayan; disciplinen y enseñen a naciones" (ver Mateo 28:19–20). Podríamos expresar el mandato a discipular naciones de esta manera: *"Vayan y liberen el Jesús que hay en ustedes en cada nación"*.

Uno podría sencillamente preguntar: "¿Qué haría y diría Jesús sobre los problemas que afrontamos en el mundo hoy día?". Sin embargo —si me lo permite—, deje que le dé una versión fuerte de la misma pregunta: *"¿Cómo vemos al Salvador encarnado manifestarse por medio de nosotros en la sociedad?"*.

Los siguientes son algunos sinónimos de *encarnación: integración, inclusión, incorporación, manifestación y sistemización*. En otras palabras, ¿cómo vemos el Reino de Dios venir en cada aspecto de la sociedad? ¿Cómo sería si la sabiduría y la justicia de Dios fueran incorporadas a nuestras leyes, gobierno, sistemas educativos, al igual que a nuestros lugares de trabajo, hogares, y todo lo que hacemos?

Si la Palabra de Dios es sistémica en el modo en que se aplica a nuestras necesidades de justicia social —cómo alimentamos a los pobres y nos ocupamos de las madres solteras, por ejemplo—, permitir que nos dirija en el modo de tratar cada una de esas áreas libera la encarnación de esa Palabra, Jesucristo, en cada situación. Naciones pueden ser discipuladas cuando la encarnación de Cristo es manifestada en cada nivel de la sociedad. Para expresarlo más sencillamente, Dios quiere que su Palabra y su presencia se sientan en todo lo que pensamos, planeamos y hacemos. Entonces todo se hace "delante del rostro de Dios" del modo en que Él nos ha enseñado que lo hagamos. Debemos ser parte de ver su Reino manifestarse *ahora* mientras a la vez entendemos que hay un reino futuro mayor que vendrá un día cuando Jesús regrese.

Después de que tuve la revelación de que el Reino de Dios era importante en mi tiempo y que yo tenía un papel que desempeñar en verlo implementado de nuevo, comencé a estudiar mi Biblia con una nueva emoción cada día, intentando entender mejor los principios del Reino de Dios. Un versículo muy importante se avivó para mí:

Y será predicado este evangelio *del reino* en todo el mundo, para testimonio a todas las naciones; y entonces vendrá el fin.

Mateo 24:14

"Y será predicado este evangelio del reino" resonaba en mi espíritu a medida que lo leía. Durante toda mi vida adulta yo había pensado que predicaríamos el evangelio de salvación a todo el mundo, y cuando todos hubieran oído, Jesús regresaría, pero eso no es lo que dice la Escritura. Dice que deberíamos predicar las buenas nuevas del reino de los cielos; en otras palabras, no se trata tanto de responder a llamados al altar como de inducir a las personas a entrar a un nuevo gobierno: el Reino de Dios en la tierra. Esto me da una responsabilidad mucho mayor para el mundo de la que yo había entendido previamente.

Combinar estos dos pasajes bíblicos —Mateo 24:14 con la Oración del Discípulo en Mateo 6:9–13— nos desafía hacia niveles totalmente nuevos como creyentes. Y cuando añadimos Mateo 28:18–20 —la Gran Comisión que nos manda discipular naciones— a la mezcla, uno no puede evitar experimentar un increíble cambio de paradigma. Para mí, redefinió por completo el modo en que veía mi papel como creyente en la tierra. No solo hemos de crear convertidos, sino que hemos de manifestar la voluntad de Dios en la tierra *"como en el cielo"*.

Esto me condujo a una nueva serie de preguntas: "Si esto es cierto, entonces ¿cómo predicamos el evangelio del Reino? ¿Qué significa realmente discipular o enseñar a las naciones de la tierra? Si somos llamados a discipular al mundo —y a amarlo como Dios lo ama—, ¿cómo hacemos eso a un nivel práctico?".

En el pasado yo creía que cuando el evangelio de salvación fuera predicado en mi ciudad, cambiaría también el núcleo de la sociedad. Creía que existe una correlación entre los números de creyentes que hay en una ciudad y la piedad del gobierno y la cultura en esa ciudad. Por ejemplo, en una ciudad con un gran número de creyentes, la pobreza y la corrupción deberían ser la excepción y no la regla.

Pero a medida que Dios me estaba enseñando esto, comencé a preguntarme sobre mi propia ciudad. Yo vivo en el área del centro urbano de Dallas/Fort Worth en Texas. Sé con seguridad que Dallas/Fort Worth tiene la reputación de ser una ciudad cristiana densamente poblada. También así Colorado Springs, donde estaba situado nuestro ministerio antes de trasladarnos a nuestro hogar en Dallas. Sin embargo, ambas zonas tienen partes pobres, y sus gobiernos batallan con los mismos problemas morales que la mayoría de ciudades de Estados Unidos de su tamaño. Aunque hay muchos cristianos, esas áreas aún no están discipuladas y enseñadas del Señor.

¿Por qué es eso? ¿Qué está mal?

Parecería que el número de cristianos que viven en una zona debería cambiar el clima espiritual de esa zona, pero no tuve que mirar muy lejos antes de ver que ese sencillamente no era el caso. ¿Por qué es así? Yo creo que la respuesta está en dos áreas principales:

(1) quizá nosotros, como creyentes, no hemos visto la vida y la edificación del Reino como nuestro papel, o (2) si lo hemos hecho, no sabemos cómo utilizar de modo práctico los principios bíblicos para transformar nuestras ciudades en lugares donde la voluntad de Dios fluya con libertad.

Crear ciudades santas en naciones santas

Imagine de nuevo por un momento cómo sería un lugar donde la voluntad de Dios reinara con libertad. Un lugar donde la oscuridad espiritual está tan debilitada o derrotada por la presencia de la luz en los hijos de Dios que las respuestas a la oración no tienen obstáculo, y las bendiciones de Dios están disponibles como frutos en los árboles, que solo necesitan ser recogidos y distribuidos. Un lugar donde el cuerpo de Cristo está vivo y vibrante, y la sanidad fluye para todo aquel que el cuerpo toca físicamente, emocionalmente, mentalmente y espiritualmente. Sin duda, todos siguen teniendo el derecho a la libertad de religión, pero las personas conocerían a cristianos en cada metro cuadrado de la ciudad y los respetarían por su sabiduría, diligencia y amabilidad hacia otros.

Pero eso no está sucediendo porque nosotros, como cristianos, somos más influenciados por nuestra cultura de lo que lo somos por nuestras Biblias. En los Estados Unidos, hemos aceptado, por ejemplo, la separación de Iglesia y Estado como algo bueno debido a los Estados corruptos dirigidos por la iglesia en el pasado. Sin embargo, los delitos más horribles de todos los tiempos no han sido perpetrados por estados dirigidos por la iglesia. Incluso ahora en los Estados Unidos estamos permitiendo que los ateos tengan la voz más alta a la hora de dictar cómo expresar la religión en lugares públicos. Aunque vivimos en una democracia, estamos permitiendo que una minoría controle a la mayoría. Muchos cristianos han descartado estar políticamente implicados, y nuestro país ha sufrido por ello. Miramos a la sabiduría del hombre en lugar de mirar a Dios para obtener respuestas, y estamos recogiendo una cosecha de impiedad.

Lo que necesitamos es un cambio radical en nuestra perspectiva. Necesitamos volver a ver como nuestra responsabilidad discipular naciones y ser reformadores radicales en nuestra propia nación.

Un elemento bíblico clave en este proceso de cambio de una cultura secular a un paradigma del reino de los cielos se encuentra tanto en el Nuevo como en el Antiguo Testamento:

Pero ustedes son linaje escogido, *real sacerdocio, nación santa, pueblo que pertenece a Dios*, para que proclamen las obras maravillosas de aquel que los llamó de las tinieblas a su luz admirable. Ustedes antes ni siquiera eran pueblo, pero ahora son pueblo de Dios...

Queridos hermanos, les ruego como a extranjeros y peregrinos en este mundo... Mantengan entre los incrédulos una conducta tan ejemplar que, aunque los acusen de hacer el mal, ellos observen las buenas obras de ustedes y glorifiquen a Dios en el día de la salvación.

1 Pedro 2:9–12, NVI

Ahora, pues, si diereis oído a mi voz, y guardareis mi pacto, vosotros seréis mi especial tesoro sobre todos los pueblos; porque mía es toda la tierra. Y vosotros me seréis un *reino de sacerdotes*, y *gente santa*.

Éxodo 19:5–6

¿A quién fue escrito este último pasaje? A un grupo de esclavos. Ellos no solamente eran esclavos, sino que sus padres y los padres de sus padres también habían sido esclavos. El pueblo de Dios había sido esclavo durante cuatrocientos años. ¿Sabían ellos cómo hacer leyes, cómo gobernarse a sí mismos, o hasta pensar por sí mismos? Claro que no. Ellos eran esclavos. Cada día de sus vidas sus actos eran decididos por otros; sin embargo, Dios no los llamó a una nueva religión; Él los llamó a convertirse en una nueva nación y a establecer un nuevo reino.

Por eso, Dios comenzó a darles los "cómo" con respecto a convertirse en una nación santa después del Éxodo. Eso incluía la estructura para el gobierno, sistemas legislativos, sistemas judiciales, al igual que sistemas educativos y económicos. Por ejemplo, Deuteronomio 1:9–15 y Éxodo 18 hablan sobre un gobierno representativo donde los líderes eran escogidos de cada tribu y puestos sobre grupos de mil, cien, cincuenta y diez.[2] Si el pueblo de Dios seguía la estructura que Él les dio, daría como resultado la transformación de una nación de esclavos en uno de los pueblos más ricos y prósperos de la tierra.

¿Qué significa eso para nosotros hoy día? Romanos 11:16–24 nos dice que somos hijos de Abraham, injertados en la viña, con el paquete completo de beneficios dado a los hijos de Abraham. Todos esos puntos giran en torno al hecho de que Dios llamó a los hijos de Abraham a ser una nación santa, un llamado que nosotros, como cristianos, tenemos como los hijos de Abraham también. ¿Cómo funcionamos, de una manera práctica, como una nación santa por toda la tierra en la actualidad? Plantearé algunas posibilidades emocionantes como respuesta a esa pregunta en las páginas y capítulos siguientes.

Convertirse en una nación santa puede parecer un gran esfuerzo para nosotros, dado el hecho de que algunos tenemos problemas hasta para trabajar juntos como iglesia y que el gobierno religioso tiene un historial muy negativo. ¡Quiero decir que aún seguimos tratando de sobreponernos al daño hecho durante las Cruzadas! Después de todo esto, podría usted preguntar: "¿Cómo es posible que trabajemos juntos como una nación santa para ver su reino venir y hacerse su voluntad?".

Sé que algunos se tambalean a medida que leen esto, y puede que piensen: "Cindy, ¿está usted defendiendo una toma autoritaria por parte de los cristianos?".

No, claro que no. No estoy diciendo que deberíamos utilizar la fuerza física para discipular naciones, sino más bien que deberíamos establecernos a nosotros mismos mediante una revolución espiritual. Los reformadores rectos deben tomar en serio su papel en el discipulado de naciones desde una perspectiva de nación santa.

El mandato bíblico a discipular naciones es uno que muchos líderes están trabajando para entender. Es un concepto que puede ayudarlos a manifestar el Reino de Dios en sus naciones. De hecho, Dios ha dado el deseo de transformar naciones a muchos en el liderazgo en todo el mundo; y, lo creamos o no, está marcando una diferencia.

Ejemplos de transformación bíblica

Hay algunos poderosos ejemplos de reformadores en la Biblia. Uno de ellos fue un joven rey llamado Josías. Me encanta esta historia. Él ascendió al trono cuando tenía solamente ocho años de edad. La Biblia resume su vida de este modo: "E hizo lo recto ante los ojos de Jehová" (2 Reyes 22:2).

Una de las razones por la cual me siento tan atraída hacia la historia de Josías es que sé que hay jóvenes líderes del gobierno, educadores, científicos, doctores y abogados que se están preparando para reformar sus sociedades y discipular sus naciones. Al igual que Dios escogió a Josías, está escogiendo a los líderes del mañana por su Espíritu hoy día.

Para poner esta historia en un contexto actual, voy a parafrasearla:

Cuando el rey Josías tenía veintiséis años de edad, Dios comenzó a hablarle sobre reparar el templo. Él le dijo que descubriera cuánto dinero tenía para realizar el trabajo. El rey les pidió a dos de sus súbditos de confianza que comprobaran qué fondos se habían recogido en las ofrendas del templo para comenzar la remodelación. Ordenó, como hacen los reyes: "Tomen el dinero, y entréguenlo a los obreros de la construcción para realizar las reparaciones".

Cuando sus leales líderes fueron al templo, el pastor principal (sumo sacerdote) le dijo a Safán (uno de los líderes del rey): "¡He descubierto el Libro de la Ley en la casa del Señor!".[3]

Safán, cuya tarea era la de transcribir importantes documentos y leerlos (quizá como harían actualmente los abogados o los ayudantes del congreso), tomó el libro y lo leyó en voz alta al rey Josías.

El rey se llenó de tristeza cuando comprendió lo mucho que su nación se había alejado de Dios. Se rasgó sus vestiduras, como era la costumbre de la época cuando las personas se entristecían. Él lamentó y estuvo triste porque era el rey de una nación que no solamente se había apartado de seguir la ley de Dios, sino que estaba en gran peligro de que el Señor los juzgara por sus pecados.

¿Qué hizo este joven rey para cambiar el curso de su nación? En primer lugar, se arrepintió delante de Dios, y luego miró a su nación con los ojos de Dios. De repente, vio cosas que no había observado antes, primordialmente que su nación estaba llena de pecado e idolatría. Desde aquel día en adelante, él realizó cambios en su nación tal como estaban dictados en el Libro de la Ley, que había estado perdido en el templo pero que ahora se había encontrado.

Por las reformas de Josías, es evidente que este libro contenía gran parte del contenido del libro de Deuteronomio,[4] el mismo libro que se dio a los hijos de Israel para enseñarles cómo convertirse en una nación santa.

Uno de mis propósitos al relatar la historia de Josías es inspirarle a usted a que estudie la Palabra de Dios con ojos nuevos y reformadores. Es importante no solo leer la Palabra de Dios sino también interpretar el mundo de Dios a la luz de su Palabra. Podemos reconciliar y redimir naciones mediante la aplicación de principios bíblicos hoy día, al igual que hizo Josías en su época. Al hacerlo, seremos discipuladores de naciones; cada uno haciendo nuestra parte en enseñar a las naciones a observar todo lo que Dios ha mandado en el Libro.

La Biblia es nuestro manual del fabricante. En ella, Dios da instrucciones concretas sobre cómo opera mejor el mundo. Le pertenece a Él como Creador; Él sabe cómo hacerlo funcionar.

Decirle al Creador: "Yo puedo dirigir este mundo del modo en que quiera, hacer lo que quiera con él, promulgar leyes en la sociedad sobre moralidad del modo en que quiera, y hacer todo lo que quiera con mi vida privada mientras no haga daño a nadie" ¡es totalmente ridículo! Muchas cosas hechas "en privado" dañan a otros. Los "pecados secretos" de pornografía y adulterio están destruyendo nuestras familias, y los pecados que las sociedades permiten en medio de ellas se amontonan hasta que la tierra misma clama a Dios, al igual que lo hizo la sangre de Abel después de que Caín lo matara.

Ese modo de pensar podía compararse a una persona que compra un reproductor de DVD y no lee el manual de instrucciones sobre cómo utilizarlo. Por el contrario, la persona decide: "Me parece que se ve mejor poner el DVD boca abajo en el reproductor. Sé que el botón del frente dice 'play', pero yo quiero darle al botón de rebobinar para comenzar el DVD". ¡Sencillamente no funciona de ese modo! Tenemos que hacer lo que dice el libro de instrucciones para que funcione.

De la misma manera, no podemos promulgar leyes que toleran la inmoralidad sencillamente porque se haga "en privado", o cualquier otro acto que quebrante las reglas de Dios. Cuando usted quebranta la ley de Dios, la creación se desmorona, y las sociedades también.

Durante los años en que Mike y yo hemos tenido el ministerio Generals International (originalmente fundado como Generals of Intercession), hemos trabajado en muchas naciones que están en el proceso de transformación. Una de las luces más brillantes en el horizonte actualmente es Argentina. Estoy emocionada al escribir esto porque esta nación ha experimentado ola tras ola de avivamiento. ¡Ahora es momento para una reforma nacional!

Otro ejemplo es Almolonga, Guatemala. Almolonga era una zona de desastre en un tiempo. El alcoholismo estaba muy extendido, y era un centro de idolatría. Los indígenas del pueblo estaban desesperados. Pocos tenían algo más que una educación de sexto grado. Entonces, unas cuantas almas valientes se agarraron a la Palabra de Dios y adoptaron el proceso de la transformación espiritual de la zona.

Una de las señales milagrosas de que la ciudad estaba cambiando estaba en la tierra misma. En un tiempo seca y no productiva, se convirtió en terreno fértil y comenzó a producir verduras gigantes. Yo misma he estado allí, y lo único que tengo que decir es que siempre que los turistas quieren tomarse fotografías agarrando el brócoli, coliflor y zanahorias, ¡uno sabe que son inmensos!

Los aldeanos comenzaron a vender sus verduras por toda América Central y llegaron a ser lo bastante ricos para permitirse comprar —en efectivo— camiones Mercedes para arrastrar su producción. La cárcel cerró y se convirtió en un restaurante. El centro de adoración a ídolos cerró debido a la falta de participantes. ¡El noventa y cinco por ciento de la población es nacida de nuevo!

Cuando uno conduce por Almolonga en la actualidad, ve pancartas con nombres como *Gloria a Dios*. Mike y yo conocemos a algunos de los líderes de ese movimiento, y ellos son creyentes genuinos y maravillosos. Lo que está sucediendo en Almolonga nos da una gran esperanza para lo que puede suceder en cualquier otro lugar si solamente aplicáramos en oración los principios de la Palabra de Dios como el fundamento de nuestras sociedades.

Sanar naciones

El concepto de *transformación societal* puede ligarse a otra idea bíblica: la *sanidad de naciones*. A fin de que una nación sea transformada, necesita ser reformada; lo que es corrupto en ella necesita ser enmendado y regresar a lo que es verdadero y justo. Cuando las naciones son reformadas, también son sanadas.

Dios me reveló por primera vez que las naciones necesitaban ser sanadas durante un tiempo de oración intercesora por los Estados Unidos en el año 1985. Cuando intercedía por mi nación, le hice al Señor la pregunta: "Señor, ya que Satanás no es ni omnisciente ni omnipresente, ¿cómo ha entrado por tantos lugares en los Estados Unidos de América?". El Señor me indicó que Satanás tiene una estrategia para las naciones, mientras que el pueblo de Dios no la tiene. Luego Él siguió con instrucciones de "reunir a los generales" para interceder por las naciones para que ellos pudieran arrepentirse de su pecado. Yo me pregunté: ¿*Cuál es el pecado de mi nación?* Me avergüenza decir que no había oído a nadie predicar sobre los pecados concretos de Estados Unidos en aquel tiempo. Ahora, más de veinte años después, este es un tema común en el cuerpo de Cristo. Segunda de Crónicas 7:14 nos da la fórmula bíblica: *Arrepiéntanse de los pecados de su nación, y Dios sanará su tierra.* Cuando me condujo por primera vez a enseñar sobre este tema, yo nunca había oído a nadie proponer que una nación pudiera ser sanada. Durante aquella misma época, el Señor desarrolló este tema al decirme que necesitábamos arrepentirnos de cosas tales como el Sendero de Lágrimas, la esclavitud, el racismo, y otros pecados históricos de los Estados

Unidos. En aquel tiempo, también comenzamos a reunir a líderes para arrepentirse de los pecados que las varias razas habían cometido contra otras razas. Muchos de ellos surgieron de perversiones del entendimiento bíblico de que todas las personas son creadas a imagen de Dios, como el racismo, la esclavitud, las leyes injustas, el etnocentrismo, los tratados rotos, las masacres, los traslados obligados y las marchas de la muerte, la segregación y la discriminación de facto, los linchamientos públicos, evitar el voto de las minorías, la educación no igualitaria, las oportunidades desiguales, y las violaciones de los derechos civiles.

Una y otra vez he visto a líderes blancos arrodillarse en arrepentimiento y llorar delante de sus hermanos y hermanas afroamericanos. Los pecados de desconfianza, robo y prisión en campos de internamiento contra los japoneses americanos durante la Segunda Guerra Mundial por el gobierno de los Estados Unidos fueron tratados de modo similar, como lo fueron aquellos pecados contra los habitantes de la tierra, los americanos nativos. En nuestra historia, al menos trescientos cincuenta tratados con las tribus americanas nativas han sido quebrantados por el gobierno de los Estados Unidos.

Hace varios años Mike y yo tuvimos el privilegio de sentarnos en una oficina del gobierno mientras un oficial se arrepentía humildemente por quebrantar esos tratados. Los líderes americanos nativos habían llevado un libro enumerando todos los tratados hechos con varias tribus, y cada uno de ellos había sido quebrantado. El líder del gobierno tomó el grueso libro en sus manos y oró con profunda emoción: "Padre, te pido que perdones al gobierno que yo represento por nuestro pecado contra la multitud de pueblos de la tierra, los pueblos americanos nativos. Siento mucho nuestro pecado". Luego él miró a los líderes nativos y les pidió perdón también.

Este es un hermoso cuadro que es parte del cumplimiento de Apocalipsis 22:2:

> En medio de la calle de la ciudad, y a uno y otro lado del río, estaba el árbol de la vida, que produce doce frutos, dando cada mes su fruto; y las hojas del árbol eran para la *sanidad de las naciones*.

A medida que nos convirtamos en naciones sanadas o personas en nuestras identidades terrenales, se hará cada vez más fácil que funcionemos como uno. Al igual que fue para aquellos en Herrnhut, la unidad es una clave de nuestra transformación y reforma en la actualidad.

Durante los pasados veinte años, nuestro ministerio ha estado trabajando para ver suceder este tipo de sanidad en todas las naciones a las cuales hemos viajado. Sin embargo, sigue habiendo bastante trabajo que hacer en esta área. El racismo, el prejuicio, y los tratos deshonestos entre naciones permanecen en el mundo, y este tipo de arrepentimiento y reconciliación tendrá que continuar. Nunca seremos capaces de decir que hemos terminado por completo con este proceso, porque cada generación necesitará reconocer su historia sucia única. Si cada generación no hace eso, puede convencerse a sí misma de que sus ancestros fueron puros y no responsables de atrocidades en el pasado, y que estaban en el lado dañado y, por tanto, necesitan tomar la venganza en sus propias manos. Una falsa creencia en un mito de pureza es peligroso para cualquiera que resulte estar fuera de su grupo. Sin embargo, el mayor cambio de paradigma que yo veo en este nuevo mover de Dios es añadir la dimensión de la reconciliación de *todas las cosas* a la lista de *reconciliación de todas las razas.*

El libro de Hechos nos dice:

> Así que, arrepentíos y convertíos, para que sean borrados vuestros pecados; para que vengan de la presencia del Señor tiempos de refrigerio, y él envíe a Jesucristo, que os fue antes anunciado; a quien de cierto es necesario que el cielo reciba hasta *los tiempos de la restauración de todas las cosas.*
>
> Hechos 3:19–21

¿Qué quiere decir este pasaje con "todas las cosas"? Mi esposo, Mike, enseña esta restauración de "todas las cosas" de la carta de Pablo a los Colosenses:

> Por cuanto agradó al Padre que en él habitase toda plenitud, y por medio de él reconciliar consigo *todas las cosas,* así *las que*

están en la tierra como las que están en los cielos, haciendo la paz mediante la sangre de su cruz.

Colosenses 1:19–20

Mike destaca que el pasaje no dice "todas las personas", sino "todas las cosas". "Todas las cosas" significa "todas las cosas". "Todas las cosas" significa "todas las estructuras, todas las partes de la sociedad, todos los grupos de personas". De hecho, tenemos el ministerio de la reconciliación en la tierra que nos ha sido dado por Dios como una tarea de reconciliar *todas las cosas*.

De modo que si alguno está en Cristo, nueva criatura es; las cosas viejas pasaron; he aquí *todas* son hechas nuevas. Y *todo esto* proviene de Dios, quien nos reconcilió consigo mismo por Cristo, y nos dio el ministerio de la reconciliación; que Dios estaba en Cristo reconciliando consigo al mundo, no tomándoles en cuenta a los hombres sus pecados, y nos encargó a nosotros la palabra de la reconciliación.

2 Corintios 5:17–19

¿Cuál cree usted que ha sido el mayor elemento disuasorio para transformar o discipular nuestras naciones? Yo tengo la teoría de que ha sido nuestro entendimiento sobre dónde deberíamos emplear nuestro tiempo y energía en esta época antes del regreso del Señor.

Recuerde que el Señor nos mandó "hacer negocios hasta que yo venga" en la parábola de las minas (ver Lucas 19:12–27). Puede ser que nuestro enfoque haya estado tanto en el regreso del Señor que hayamos pasado por alto la parte de nuestro mandato de "ocuparnos". Parte de nuestra ocupación es hacer evangelismo: llevar a personas a Cristo y alimentarlas hasta que Cristo sea plenamente formado en ellas. Otra parte es cumplir el mandato de Génesis de "fructificad... someted... señorear sobre la tierra" (ver 1:28). Somos administradores de la tierra de Dios en todos los sentidos; sin embargo, ¿cómo "ocupamos" el mundo de los negocios, los sistemas legales y legislativos, las agencias de gobierno y los servicios públicos, las instituciones educativas, y otros sectores de la sociedad cruciales para permitir que "la buena voluntad de Dios hacia los hombres" reine en nuestras naciones? (ver Lucas 2:14).

Ahora que está conmigo en entender la importancia de este nuevo modo de pensar del Reino, es momento de ver cada una de esas áreas individualmente en los capítulos siguientes. Continuemos juntos este viaje.

Capítulo Cuatro

La causa justa

Cuando uno mira atrás, a la historia del cristianismo, parece que nuestro modo de pensar haya seguido este camino: "Si simplemente tuviéramos un gran avivamiento, entonces nuestras naciones se volverían justas en todos los niveles". Es triste decir que aunque un avivamiento es importante, también es necesario que haya una reforma social a fin de mantener la nación como justa. El avivamiento puede conducir a la transformación, pero solamente la reforma instituye un cambio sostenible. Hay una lucha a la que unirse además del avivamiento, una que los cristianos con demasiada frecuencia han descuidado.

Darrow L. Millar, en su penetrante libro, *Discipling Nations* [Disciplinando naciones] dice esto:

> Normalmente pensamos en la guerra en términos físicos: bombas, pistolas, tropas, muerte, cadáveres. Pero ver la guerra como una confrontación no solo de ejércitos sino de ideas nos permite ver mejor lo que está sucediendo a nuestro alrededor...
>
> El cristianismo ha revelado que, por ahora, hay una guerra entre la vida y la muerte, el bien y el mal, Dios y Satanás. Este conflicto espiritual no es solo algo de lo que leemos en nuestras Biblias. Interfiere en nuestro mundo cotidiano de ideas e ideales, moldeando nuestra historia, determinando nuestro futuro, y en gran parte controlando nuestro modo de vivir.[1]

¿Por qué no es suficiente el avivamiento?

Un día Mike y yo estábamos dialogando con un grupo de líderes cristianos en una conferencia a la que asistíamos sobre el tema de la transformación, cuando yo pregunté: "¿Cómo mantenemos el cambio que llega con el avivamiento? ¿Cómo sabemos que las sociedades que hemos visto transformadas seguirán viviendo para Dios dentro de una década, por no hablar de dentro de cien años?".

Si estudia usted el tema, descubrirá que algunos avivamientos han tenido consecuencias dramáticas y duraderas. La Reforma de Lutero condujo al protestantismo, y el protestantismo condujo a muchos experimentos sociales, incluyendo el experimento estadounidense y abrir la puerta a nuevas maneras de pensar sobre el gobierno, la ciencia, la economía, la política, la educación, la relación entre Iglesia y Estado, etc.

También hemos tenido varios periodos importantes de avivamiento en la historia de Estados Unidos, incluyendo el primer Gran Despertar con Gilbert Tennet, Jonathan Edwards y George Whitefield desde 1740 hasta 1742; el segundo Gran Despertar que comenzó a principios del siglo XIX con las reuniones de avivamiento; un avivamiento nacional en el año 1831 incitado por la predicación de Charles Finney y el avivamiento en Rochester, Nueva York; un avivamiento en la Guerra Civil entre los ejércitos del Sur; un tercer Gran Despertar después de la Guerra Civil con Dwight L. Moody y John Mott, quien fue presidente por mucho tiempo de la YMCA y ayudó a fundar el Movimiento Voluntario Estudiantil, que duró hasta la Primera Guerra Mundial; y un cuarto Gran Despertar que comenzó cerca del principio del siglo XX con el avivamiento de la calle Azusa, y eso ha conducido a cuatrocientos millones de pentecostales/carismáticos en el movimiento mundial después de solamente cien años. Desde la Segunda Guerra Mundial, Estados Unidos ha experimentado varias corrientes de despertar que incluyeron el último movimiento de sanidad o lluvia, el movimiento profético, las cruzadas de Billy Graham, y los ministerios de InterVarsity, Los Navegantes, Cruzada Estudiantil, Campus Life, Young Life, y otros. Todos esos movimientos han contribuido a lo que es la sociedad. Pero todos los avivamientos incluyen dos dinámicas: producen tanto despertar espiritual como oposición espiritual. El diablo juega con la ingenuidad y la debilidad humanas para trastornar avivamientos aun cuando comienzan. La mayoría de los avivamientos han demostrado durar solamente unos pocos años. El avivamiento en Gales, por ejemplo, duró aproximadamente desde 1904 hasta 1906, dependiendo de qué relato se lea. Se dice que cerca de cien mil persona nacieron de nuevo durante ese periodo. El fuego de Dios barrió la nación y el avivamiento produjo transformación social. Las cosas cambiaron tanto, de hecho, que los burros que trabajaban en las minas de carbón tuvieron que ser entrenados de nuevo porque estaban muy acostumbrados a recibir maldiciones y mandatos. Cuando los obreros ya no maldecían, los burros no sabían qué hacer. Los bares cerraron porque la gente dejó de tener "la bebida demonio". Las reuniones de oración eran más populares que los partidos de rugby; ¡y eso es increíble! Fue un avivamiento de cantos, ya que las alabanzas a Dios resonaban por todo el país.

Sin embargo, con la mayoría de la nación salva, Gales volvió atrás, influenciado por las filosofías anti-Dios como el darwinismo y un sistema educativo dirigido a hacer que los alumnos tuvieran un empleo en lugar de enseñarles cómo vivir. (Hablaré de esas influencias en los capítulos siguientes). Algunos dicen que fue una falta de madurez y de una sana enseñanza bíblica, ya que el líder del movimiento, Evan Roberts, tenía solamente veintiséis años de edad y se aisló unos meses después de que comenzara el avivamiento.

Yo no creo que la edad importe, sin embargo. El rey Josías también tenía veintiséis años cuando condujo la reforma nacional, y esa reforma permaneció. Quizá el que el avivamiento en Gales no pudiera permanecer fue el resultado de una falta de padres espirituales lo bastante maduros para discipular a las personas y que permanecieran firmes en su fe y enseñarles cómo hacer de esa fe la base de su gobierno y su cultura. Rees Howells, un destacado líder que surgió de las filas de los mineros del carbón durante el avivamiento en Gales, hizo hincapié en la necesidad de un movimiento de oración que sostuviera el avivamiento, y yo estoy de acuerdo. De hecho, dedicaré un capítulo más adelante en este libro a "legislar en los cielos", lo cual debe hacerse a fin de ver una nación discipulada.

¿Cuál es la solución, entonces? Propongo que es necesario un masivo cambio de paradigma regresando a una perspectiva bíblica en todos los niveles. Una vez más, *reformar* significa "enmendar lo que es corrupto; regresar las cosas a su orden y organización ordenados por Dios". Muchos en la actualidad están hablando de la transformación de otras naciones, pero *transformar* una nación es realmente solo "cambiar la forma o aspecto exterior". Sin una *reforma*, nunca veremos una *transformación* duradera.

Nuestra necesidad de renovar nuestra mente

Irónicamente, la mayoría de nosotros ni siquiera sabemos que nuestro modo de pensar y nuestra perspectiva han sido contaminadas, o al menos influenciadas, por el secularismo, el naturalismo y el racionalismo humanista mediante nuestro sistema educativo, los medios de comunicación y la cultura. No tenemos idea con respecto a dónde comenzar en el proceso de reformar nuestras naciones. En primer lugar, no vemos las cosas del modo en que Dios las ve. Aun cuando acudimos a la Escritura, demasiadas veces la interpretamos mediante lentes del color de la cultura en lugar de estudiar la Palabra de Dios y permitir que ella reforme nuestros corazones y renueve nuestra mente. Para ser sincera, el cristianismo hoy día sencillamente está carente de Cristo: la Palabra de Dios viva revelada a nosotros por el Espíritu Santo por medio del estudio bíblico y la oración.

No es que la Biblia sea difícil de entender, es que no le hacemos las preguntas correctas. Pasamos mucho tiempo estudiando sobre la oración, el fruto del Espíritu, los eventos de los últimos tiempos y el carácter cristiano, ¿pero cuántas veces estudiamos la Biblia para obtener respuestas sobre lo que debería ser el gobierno de una nación discipulada? ¿Cómo deberían operar nuestros sistemas de servicios sociales y beneficencia? ¿Cómo deberíamos educar a nuestros hijos, dirigir nuestros bancos, o hacer nuestras leyes?

Demasiados de nosotros hemos caído en la trampa de aceptar la separación de Iglesia y Estado como si fuera un concepto bíblico. Parece una idea muy buena después de la corrupción de la Edad Media que produjo la Reforma de Lutero y los problemas que afrontamos debido a naciones que están basadas en la ley religiosa hoy día en el Oriente Medio. Sin embargo, en lugar de apartar la Biblia del escenario público, necesitamos volver a leer las Escrituras y permitir que el Espíritu Santo nos enseñe cómo hacer esas cosas tal como Dios las haría en el cielo. Después de todo, su sabiduría sigue siendo relevante.

Cuando comencemos a echar una nueva mirada a la Escritura, Dios va a mostrarnos cómo, como nación santa, comenzar a afectar nuestro mundo a un nivel reformador que producirá una transformación duradera. Ya que no soy una especialista en cada aspecto de la sociedad, en lugar de tratar de proponer soluciones que no estoy equipada para dar, quiero preparar la bomba del pensamiento reformador en varias áreas importantes. Para decirlo brevemente: *"Necesitamos que nuestra mente sea renovada (reformada) a fin de poder ser transformados".* El proceso de convertirnos en una nación santa requiere antes una importante reestructuración de nuestro modo de pensar.

Esto conduce a un importante punto que quiero subrayar:

Nuestras mentes necesitan ser discipuladas antes de que podamos discipular a una nación.

O, para expresarlo bíblicamente:

Si vosotros permaneciereis en mi palabra, seréis verdaderamente mis discípulos; y conoceréis la verdad, y la verdad os hará libres.

Juan 8:31–32

Y:

No os conforméis a este siglo, sino transformaos por medio de la renovación de vuestro entendimiento, para que comprobéis cuál sea la buena voluntad de Dios, agradable y perfecta.

Romanos 12:2

Nuestro modo de ver la verdad depende de nuestro punto de comienzo. La guerra por nuestras mentes y el modo en que pensamos ha sido ganada por mucho por la manera en que nos han enseñado a ver el mundo. Por eso quiero plantear el tema de la perspectiva. La mayoría de nosotros, incluso creyentes fuertes, vemos el mundo mediante unos lentes contaminados por el pensamiento humanista, y a un nivel más profundo del que podríamos nunca imaginar. Aun aquellos de nosotros que verdaderamente creemos que la Palabra de Dios es la autoridad final hemos visto movidos nuestros márgenes fuera de las fronteras escriturales por la sociedad en la cual fuimos educados. Esta educación no ha estado solamente en el salón de clase, sino también en los medios de comunicación y los programas supuestamente neutrales denominados "científicos". Cuanto más he estudiado el tema del discipulado bíblico de naciones, más he comprendido que mi propia perspectiva ha sido afectada por el pensamiento secularista.

Permita que le dé un ejemplo: Una vez, en un viaje al estado de Hawaii, habíamos ido a visitar a un líder local. En una reunión algún tiempo antes de eso, yo había profetizado que Hawaii sería el primer Estado cristiano en Estados Unidos, y estaba emocionada por ver el nivel de participación que varios líderes estaban teniendo en esa profecía. Después de nuestra reunión, Mike y yo pasábamos por el tribunal estatal cuando yo tuve uno de esos pensamientos: "detente ahora aquí, hay una pieza que falta de tu aventura de momentos de discipular naciones". Ya que estábamos de vacaciones, Dios tuvo que darle a Mike una buena medida de paciencia para esos momentos recurrentes.

Nos estacionamos y fuimos al museo dedicado al primer sistema judicial territorial de Hawaii. Cuando leímos los carteles, ¡quedamos sorprendidos! El sistema legal de Hawaii había sido edificado sobre los Diez Mandamientos. Literalmente, lo que era legal en los cielos era legal en la tierra.

Eso significaba que, entre otras cosas, el adulterio era tan ilegal como lo eran matar y robar. Me avergüenzo al admitir que eso me dio una pausa para pensar. Le dije a Mike: "¿Podemos legislar moralidad de esa manera hoy día?". Mike respondió a su manera lógica usual: "Claro, cariño, ¡lo hacemos todo el tiempo! ¿Por qué crees que es ilegal robar?".

Yo me quedé en aquel punto, sencillamente anonadada. De alguna manera, en mi lista de los Diez Mandamientos, había permitido que se convirtieran en meras directivas morales, pero no en leyes sociales. Pensaba en ellos solamente como lo hacen los secularistas, pero no como lo hace Dios. Había olvidado que en un tiempo en la historia de Israel el adulterio no era solamente inmoralidad, sino que también era ilegal. Había aceptado de modo subliminal la idea de que "cualquier cosa que dos personas hagan en privado no es asunto de nadie más". No se me había ocurrido que para preservar la santidad del matrimonio no era la voluntad de Dios que una sociedad permitiera el adulterio. Había caído en el modo de pensar de la justicia sociológica —aceptando lo que la sociedad como un todo cree que debería ser ilegal— en lugar de adherirme a la justicia bíblica. Eso avergüenza, ¿no es cierto? Esencialmente, yo había llegado a creer que ciertas leyes de Dios no podían ser válidas en nuestra sociedad hoy día porque la sociedad en la que yo vivía había decidido en contra de ellas.

Antes de que lea usted más, sería bueno que tanto su corazón como su mente estuvieran dispuestos a hacer un cambio radical en su manera de pensar. Para hacer eso, pida al Espíritu Santo que le exponga cualquier manera en que usted haya sido afectado por el secularismo o por cualquier otro "ismo" que sea impío. Ore conmigo:

Oh Señor:

¡Necesito tu ayuda! Someto todo mi ser a ti. Por favor, por el poder del Espíritu Santo, ven como un cirujano divino a mi pensamiento. Padre, cámbiame en cualquier cosa que me hayan enseñado o que haya llegado a creer que sea un pensamiento falso. Cambia mi manera de pensar. Renueva mi mente. No quiero ser conformado al mundo, sino deseo ver venir tu reino y que tu voluntad se haga en la tierra como en el cielo.

En el nombre de Jesús:

Amén.

¿Podemos seguir la ley de Dios sin caer en el legalismo?

Soy consciente de que esta sección podría plantear preguntas como: "¿Está usted defendiendo que regresemos a estar bajo las 613 leyes mosaicas?"; o "¿está defendiendo que regresemos a apedrear a las mujeres que son sorprendidas en adulterio?". Claro que no.

Sin embargo, a medida que he pensado en cómo tratamos los Diez Mandamientos en nuestra sociedad actual, permita que le diga: Este es un tema serio por el que orar y pensar. ¿Son los Diez Mandamientos meras sugerencias para nosotros en nuestras sociedades actuales? Si no es así, ¿entonces cómo cambiamos, de manera democrática, las leyes de nuestra nación para que reflejen lo que Dios quiere para nuestras naciones en esta época? Podría usted preguntar: "¿Por qué ni siquiera necesitamos tratar esta pregunta del adulterio en la sociedad? ¿Acaso no es un asunto privado?".

Como siempre, necesitamos ver este asunto mediante unos lentes bíblicos. Los occidentales ven muy poca relación entre lo que una persona hace en la intimidad de una casa o de un hotel y los problemas que hay en la sociedad. Sin embargo, eso no es cierto según el diseño del Creador de la tierra y sus habitantes.

A fin de ver esto según una perspectiva bíblica, examinemos unos cuantos pasajes para comprobar lo que le sucede a la tierra física de una nación cuando las personas cometen pecado sexual.

Levítico 18 nos da una lista de actos sexuales prohibidos. Entre ellos están: incesto, adulterio, bestialidad y homosexualidad. Uno de los versículos finales de este capítulo nos dice:

> En ninguna de estas cosas os amancillaréis; pues en todas estas cosas se han corrompido las naciones que yo echo de delante de vosotros.
>
> Levítico 18:24

En otras palabras, las otras naciones fueron echadas de Canaán y la tierra fue dada a los israelitas porque ellos permitieron esos pecados en su sociedad. El pasaje sigue diciendo:

Y la tierra fue contaminada; y yo visité su maldad sobre ella, y la tierra vomitó sus moradores.

Levítico 18:25

¿Qué significa eso? Sencillamente lo que dice: Nadie podrá vivir en una tierra contaminada por el pecado. Nada o nadie que intente vivir allí prosperará. La tierra los "vomitará". Hay otros pasajes que se relacionan con este asunto de que la tierra sea contaminada por el pecado. Otro pasaje poderoso es Oseas 4:1–3:

Oíd palabra de Jehová, hijos de Israel, porque Jehová contiende con los moradores de la tierra; porque no hay verdad, ni misericordia, ni conocimiento de Dios en la tierra.

Perjurar, mentir, matar, hurtar y adulterar prevalecen, y homicidio tras homicidio se suceden.

Por lo cual se enlutará la tierra, y se extenuará todo morador de ella, con las bestias del campo y las aves del cielo; y aun los peces del mar morirán.

Ciertamente hombre no contienda ni reprenda a hombre, porque tu pueblo es como los que resisten al sacerdote.

Caerás por tanto en el día, y caerá también contigo el profeta de noche; y a tu madre destruiré.

Mi pueblo fue destruido, porque le faltó conocimiento. Por cuanto desechaste el conocimiento, yo te echaré del sacerdocio; y porque olvidaste la ley de tu Dios, también yo me olvidaré de tus hijos.

¡Poderoso! La Biblia nos está diciendo que cuando hay una acumulación de pecado en una nación, eso quita la bendición de Dios no solo del gobierno y de los habitantes, ¡sino también de la creación misma!

Un amigo mío, Rick Ridings, compartió conmigo que él y otros guerreros de oración fueron a orar en el valle Ben Himmon en Israel. Ese es el lugar donde los adoradores de Moloc sacrificaban bebés quemándolos vivos. Ellos se arrepintieron del pecado cometido hace años haciendo que un creyente judío orase y pidiese perdón por las horribles atrocidades realizadas allí.

Podría usted preguntar: "¿Por qué tengo que arrepentirme del pecado de mi nación, pasado o presente, que yo no cometí?". Segunda de Samuel 21:1–4 nos dice que Dios requirió que David se arrepintiera del pecado que el anterior rey, Saúl, cometió contra una tribu de personas llamados los gabaonitas. Después de que el rey David se arrepintiera, el Señor oyó la oración por la tierra. También, en Deuteronomio 21:1–8, Dios les dijo a los israelitas que expiaran los pecados de su pueblo si una persona se encontraba muerta y nadie sabía quién lo había hecho.

Comprendo que algunos pueden estar pensando: "¿Pero no somos creyentes del Nuevo Testamento? ¿Estamos bajo la maldición de la ley?". Claro que no; sin embargo, el Antiguo Testamento fue la Biblia para la Iglesia del Nuevo Testamento, y no niega cómo Dios dispuso la creación. La buena noticia es que Dios nos dio a nosotros, la Iglesia, el poder mediante la oración de "redimir la tierra" de los efectos del pecado.

Varios meses después de que Rick y su equipo orasen en Ben Himmon, hicieron un tour en autobús por la zona. Cuando pasaron por el valle de Himmon, el guía judío dijo: "Ya que este lugar ha sido maldecido debido al pecado cometido aquí por los seguidores de Moloc, no ha habido aves aquí durante algún tiempo; sin embargo, por alguna razón desconocida, han regresado en estos últimos meses".

¿Coincidencia? Yo no lo creo. Este es el modelo bíblico para "sanar la tierra". Segunda de Crónicas 7:13–14 nos dice:

> Si yo cerrare los cielos para que no haya lluvia, y si mandare a la langosta que consuma la tierra, o si enviare pestilencia a mi pueblo; si se humillare mi pueblo, sobre el cual mi nombre es invocado, y oraren, y buscaren mi rostro, y se convirtieren de sus malos caminos; entonces yo oiré desde los cielos, y perdonaré sus pecados, y sanaré su tierra.

¿Cuál es el resultado de que hagamos oraciones de arrepentimiento? Dios sanará la tierra. Literalmente, el hebreo dice: "Él *rapha* su tierra". Esta es la misma palabra que encontramos en la Escritura describiendo la sanidad física del cuerpo de una persona. La palabra *tierra* aquí frecuentemente se espiritualiza para significar "nación" o "región", pero si la mira, literalmente significa "el polvo, la tierra, donde cultivamos plantas".[2]

La idolatría también libera las maldiciones de Dios sobre la tierra. Solamente mire el islam para comprobar lo que sucede cuando las naciones están bajo ese tipo de religión. La tierra misma comienza a convertirse en desierto. Yo he estado en naciones en África que se han convertido cada vez más al islam, y ellos me dicen que sus lluvias han disminuido dramáticamente desde que han sido tomadas por el islam.

Uno de los pasajes más importantes sobre la intercesión también trata de la sanidad de la tierra:

> Y busqué entre ellos hombre que hiciese vallado y que se pusiese en la brecha delante de mí, a favor de la tierra, para que yo no la destruyese; y no lo hallé. Por tanto, derramé sobre ellos mi ira; con el ardor de mi ira los consumí; hice volver el camino de ellos sobre su propia cabeza, dice Jehová el Señor.
>
> Ezequiel 22:30–31

Entender la relación que existe entre lo que sucede no solo en nuestra sociedad sino en toda la creación es crítico para el modo en que implementamos las restricciones de Dios en nuestras estructuras legales.

¿Cómo será esto? El mejor escenario, desde luego, es que el corazón de la nación sea tan cambiado por el avivamiento que la mayoría de las personas quieran leyes justas. ¿Estoy sugiriendo que pongamos a las personas en grupos y las ridiculicemos públicamente si cometen adulterio? No. Sin embargo, sí que creo que Dios nos dará una manera de imponer sanciones legales sobre quienes cometan este pecado, al igual que ya hacemos con muchos otros delitos.

En los Estados Unidos, por ejemplo, tenemos leyes que no permiten que un adulto tenga relaciones sexuales con alguien menor de dieciocho años, aun con el consentimiento de esa persona, pues se considera violación estatutaria. El ejército tiene también estrictos límites sobre la conducta sexual. Quizá esto sea difícil de considerar porque nuestras mentes han sido tan contaminadas por una perspectiva secular que ya no creemos que las leyes de Dios funcionarán.

Tampoco estoy defendiendo el obligar a las personas a convertirse al cristianismo o quitar los derechos democráticos de los no cristianos. La belleza de una nación basada en la Palabra de Dios es que no perseguimos a quienes creen de manera distinta a nosotros, ni tampoco forzamos conversiones. Dios quiere que acudamos a Él por nosotros mismos, como un acto de libre albedrío, y por eso la democracia, basada en los principios de la Palabra de Dios, es tan poderosa. No somos como quienes pondrían en efecto la ley sharia (ley islámica).

Esto es parte del cambio reformador que necesita producirse en nuestras naciones. Necesitamos jóvenes que estudien para llegar a ser jueces, abogados y políticos rectos que amen la Palabra de Dios y busquen su rostro con respecto a cómo agradarle a Él en cada área de nuestros sistemas legales.

Desarrollar una perspectiva celestial

Nuestras perspectivas individuales afectan el modo en que pensamos, educamos a nuestros hijos, creamos leyes, juzgamos la moralidad y administramos justicia. Nuestras perspectivas determinan la responsabilidad que asumimos con respecto a los pobres y nuestras actitudes sobre otras ideologías que moldean naciones. A fin de renovar nuestras mentes hacia una perspectiva piadosa, necesitamos descubrir dónde hemos sido afectados al pensar que esto no es bíblico en naturaleza. Alvin Toffler en su libro *Future Shock* (Shock futuro) dice: "Toda persona lleva dentro de su cabeza un modelo mental del mundo, una representación subjetiva de la realidad externa".[3] A fin de entender esto, necesita usted descubrir qué hay en su "molde de perspectiva". Su molde de perspectiva es básicamente su mente; en ella están almacenados sus pensamientos. Esos pensamientos definen cómo ve usted el mundo. (A veces hablamos de pensar "fuera del molde", lo cual significa pensar fuera de nuestra actual perspectiva. Sin embargo, hay un "molde" correcto dentro del cual deberíamos pensar, uno definido por una perspectiva bíblica).

Hace unos trescientos años, la mayoría de las personas en el mundo occidental tenían una perspectiva *teísta*: centrada en Dios, bíblica. En esta perspectiva, hay una relación directa entre lo espiritual y la esfera física, estando Dios sobre todo. Por tanto, la sociedad y el gobierno estaban en gran medida basados en una creencia de que todo lo que Dios decía en la Biblia era correcto. Las leyes eclesiales y los precedentes legales en la ley común y la civil fluían de fuentes bíblicas y eclesiales. Siempre que se escribían leyes, la Palabra de Dios era considerada en primer lugar. Llamaremos a esta perspectiva *teísmo*.

Las personas conocían a Dios como Creador, y su ley era obedecida incuestionablemente, aun si algunos no entendían totalmente por qué. Si alguien no obedecía la ley de Dios, había consecuencias. Las personas sabían que el infierno era real y que la separación de Dios era el castigo por rechazarlo. Ese pensamiento moldeaba los actos y la moralidad, al igual que el carácter y la naturaleza de la sociedad. La existencia de Dios se daba por sentado, y servía como el centro que unía todas las cosas.

Otra perspectiva surgió durante la era de la Ilustración, llamada *deísmo*. Los intelectuales aceptaban a Dios en su perspectiva, pero creían que aunque Dios creó el universo, Él nos dio libertad para dirigirlo. Los seres humanos comenzaron a separarse de ver a Dios como el todo en la sociedad y a dirigirse hacia la aceptación de la realidad basada en la ley natural y no en la ley divina. El *racionalismo* se convirtió en la filosofía predominante de la época, y en la única prueba de la verdad. En otras palabras, si no entendían los "porqué" de la Biblia, la descartaban. Como resultado de este cambio la humanidad comenzó a racionalizar el pecado: ya no éramos culpables delante de Dios, sino meramente víctimas de la circunstancia. Esto llegó por la enseñanza de Sigmund Freud.

Según el freudismo, no podemos argumentar lo que es bueno o malo. Por ejemplo, uno no puede razonar que está bien saltarse una señal de stop porque se tuvo un mal día. ¿Por qué? Es la ley. Lo mismo sucede con las leyes de Dios. Quebrantarlas trae consecuencias en nuestras sociedades. Gracias a Dios, sin embargo, ¡por el poder sanador y redentor de la oración!

Una perspectiva más amplia ha entrado en juego en los últimos doscientos años, sin embargo, que ha hecho el mayor daño. Podríamos llamarla secularismo, naturalismo o materialismo ateo. Llevó al deísmo un paso más lejos de Dios, no solo diciendo que Él no está implicado en nuestro mundo, sino que Él ni siquiera existe. La realidad ya no era concreta sino sujeta al punto de vista, y la moralidad se volvió relativa. Se introdujeron conceptos tales como *ética de la situación* y *aclaración de valores*, los cuales finalmente cortaron nuestra amarra final de la moralidad y los valores con base bíblica. De repente, ya no había conceptos absolutos.

Para explicar la ética de la situación en sus términos más sencillos, necesitamos meramente ver cómo se ha utilizado en las escuelas públicas en Estados Unidos durante las pasadas décadas. Esto probablemente podría hacerse de modo similar en todo el mundo. (Espero que los lectores de otros países perdonen que utilice más ilustraciones sacadas de mi propio país que de otros. Obviamente, estoy más familiarizada con nuestra historia. Es mi oración que usted pueda aprender de estos principios para estableces sociedades justas en su propio país. La Palabra de Dios funcionara, ¡no importa dónde viva usted!).

Es su forma más sencilla, un maestro le dirá a la clase que van a jugar a un juego; a los niños les encantan los juegos. Luego el maestro relatará una historia similar a esta:

> Cinco personas estaban en una barca en el océano: una mujer embarazada, un sacerdote, un hombre viejo, un niño y un marinero. La barca comienza a hundirse debido al sobrepeso, y alguien tendrá que ser lanzado al agua. ¿A cuál de ellos deberían lanzar? Si lanzan a la mujer embarazada, el bebé morirá junto con ella. Si lanzan al marinero, no sabrán cómo dirigir la barca. El niño moriría con toda seguridad. Quizá el sacerdote se ofrecería. El hombre viejo ya ha vivido su vida.

Sigue el diálogo. El maestro les dice a los alumnos que no hay respuestas correctas o incorrectas. Las respuestas que ellos den serán correctas para ellos, basadas en sus valores. Esto se denomina aclaración de valores: todos los conceptos absolutos son eliminados. No hay autoridad más alta en el escenario a la cual orar y pedir dirección; tal opción ni siquiera se propone. ¿Dónde están las fronteras? Se dan otros escenarios a medida que pasan los días, como quién debería morir de hambre si no hay alimentos suficientes. ¿Dónde oí yo por primera vez esta enseñanza? Por extraño que parezca, en las clases de educación para maestros de mi universidad cristiana. El aterrador peligro en esto es que no hay conceptos absolutos. Si obedecemos las leyes de la moralidad solamente cuando nos parezca bien, seguirá la impiedad. Todo es fluido en esta clase de sociedad excepto una cosa: cualquier cosa que usted piense es mejor para usted. Así, el valor decisivo final se convierte en el egoísmo; "buscar ser el número uno" se convierte en la base para toda la ética y la moralidad.

Por sorprendente que parezca, el fundador de la teoría de la ética de la situación fue Joseph Fletcher, un anterior sacerdote episcopal. Más adelante en su vida se volvió ateo y negó a Dios. Su libro, *Situation Ethics: The New Morality* (Ética de la situación: la nueva moralidad) fue escrito en el año 1966. Él también fue el presidente de la sociedad Euthanasia Society of America (más adelante llamada Sociedad para el derecho a morir). Además, fue miembro de la sociedad American Eugenics Society y la Association for Voluntary Sterilization.[4]

Imagine las filosofías de este hombre siendo introducidas en nuestros sistemas escolares. Este fue solamente parte de un insidioso plan para minar la creencia de la población en Dios y eliminar los conceptos absolutos de nuestra sociedad.

Irónicamente, una canción de los Beatles durante ese periodo de tiempo lo resumía todo: "Lo único que necesitas es amor". Fletcher enseñó que aparte del amor no hay reglas inquebrantables. No hay conceptos absolutos ni máximas. Esto podría haber funcionado, pero después él pasó a utilizar el amor humano como su base para esto, y tiró por la ventana el amor de Dios. El amor se volvió algo subjetivo, y la Biblia ya no era considerada ley de Dios sino un texto antiguo que podría ser descartado cuando el razonamiento moderno demostrara un camino mejor.

Da escalofríos pensar que se piense que los mandamientos de Dios son "sugerencias" generales puestas en el contexto del amor humano egoísta. Estar por encima de los mandatos de Dios nos deja sin fronteras o señales para guiar nuestro camino. Con esta mentalidad, cada persona, basada en sus *sentimientos* de amor, forma su propia ética y valores.

J. I. Packer tiene un fascinante artículo sobre lo que él denomina situacionalismo, el sistema de creencia que ha salido de la ética de la situación. En él, establece un poderoso punto:

> Ninguna situación nos ofrece escoger entre males; la perspectiva tradicional de lo contrario es un producto más de la errónea "teoría intrínseca". *"El situacionalista dice que cualquier cosa que sea la más amorosa en la situación es lo correcto y lo bueno. No es un mal excusable, es positivamente bueno".*[5]

Por tanto, podríamos decir que desde el punto de vista del situacionalista las brújulas morales no tienen un verdadero norte; es un norte fluctuante llamado "amor". El único problema de esto es que también tenemos una naturaleza de pecado que distorsiona ese amor del mismo modo en que poner un imán al lado de una brújula cambiará sus indicaciones. El amor de Dios, siendo el buen amor de padre que es, sabe que sus hijos deben tener límites llamadas "ley" para mitigar nuestra naturaleza de pecado. Debemos saber que hay verdades absolutas a fin de que las distorsiones creadas por nuestra naturaleza de pecado y nuestros deseos egoístas sean contrarrestados; de otro modo, perdemos nuestro rumbo porque las indicaciones de nuestra brújula —basadas en sentimientos y justificaciones— son incorrectas.

Al llevar los pensamientos de Fletcher a su progresión lógica, finalmente tendríamos que aceptar que *no hay nada que sea absolutamente pecaminoso*. Es ahí donde se sitúa la sociedad en la actualidad. Si no entendemos lo lejos que hemos caído en nuestra ética, nunca seremos capaces de discipular a nuestras naciones.

Mi padre terrenal, Albert S. Johnson, escribió un pasaje bíblico en la guarda de mi Biblia. Habla bien del tema de la ética de la situación:

Porque la palabra de Dios es viva y eficaz, y más cortante que toda espada de dos filos; y penetra hasta partir el alma y el espíritu, las coyunturas y los tuétanos, y discierne los pensamientos y las intenciones del corazón.

Hebreos 4:12

Solamente la Palabra de Dios nos da las respuestas a preguntas tales como si una madre debería abortar a su bebé o no aunque parezca que no puede criar otro hijo. Las elecciones por amor, obedecer a Dios y escoger mantener la vida, son una sola y la misma. El mundo nos diría que tenemos que considerar únicamente a la madre y no al niño no nacido; sin embargo, según la Palabra de Dios, abortar a un bebé no es un acto amoroso, sino ser desobediente a Dios y es, de hecho, una mala elección acabar con una vida inocente. Dios es el Creador y quien da la vida; por tanto, no tenemos el derecho a quitar esa vida. El amor necesita las leyes de Dios para mantenerse genuino, porque *el amor de Dios es el cumplimiento de la ley*.[6]

La importancia de los conceptos absolutos

Recientemente tuve un penetrante diálogo con una joven coreana que había sido cristiana durante poco tiempo. Ella me dijo: "Cindy, ¿qué hay de malo en que dos hombres o dos mujeres se amen el uno al otro cuando no hacen daño a nadie?". En otras palabras, ella quería saber si *el amor* es la regla que hace que todo sea correcto.

Después de orar un momento, le respondí como lo hice a los alumnos de la universidad de California, Berkeley, que mencioné en la introducción: "No tengo una opinión personal. Veamos lo que dice el Creador en la Biblia, que es el manual del fabricante". Entonces le leí Romanos 1:24–27:

Por lo cual también Dios los entregó a la inmundicia, en las concupiscencias de sus corazones, de modo que deshonraron entre sí sus propios cuerpos, ya que cambiaron la verdad de Dios por la mentira, honrando y dando culto a las criaturas antes que al Creador, el cual es bendito por los siglos. Amén.

Por esto Dios los entregó a pasiones vergonzosas; pues aun sus mujeres cambiaron el uso natural por el que es contra naturaleza, y de igual modo también los hombres, dejando el uso natural de la mujer, se encendieron en su lascivia unos con otros, cometiendo hechos vergonzosos hombres con hombres, y recibiendo en sí mismos la retribución debida a su extravío.

Ella inmediatamente entendió la intención de Dios para su creación, y pudo ver la respuesta a su pregunta sin que yo dijera ni una palabra más.

Mantenga esta clara palabra que se encuentra en el anterior pasaje contra la enseñanza de Fletcher en su libro *Moral Responsibility* (Responsabilidad moral), en el cual él escribe: "El sexo no es siempre malo fuera del matrimonio, hasta para los cristianos".[7] La Palabra de Dios dice que el pecado sexual —adulterio, fornicación y homosexualidad— es pecado, y punto. No es relativo según si es "verdadero amor" o no, tal como el mundo piensa. Cualquier expresión de amor que esté en conflicto con la Palabra de Dios no es amor verdadero. Poner nuestras propias ideas sobre el amor por encima de las de Dios pervierte su verdad y la convierte en una mentira. Seguir tales mentiras finalmente conducirá a la muerte, y no al gozo y la libertad que Fletcher promete.

Quizá este sería un buen momento para detenerse y pensar en sus propios sistemas de creencia personales. ¿Ha caído usted en este tipo de pensamiento situacional? Pida al Espíritu Santo que le revele si sus márgenes de moralidad están más definidos por la sociedad en la cual vive usted o por la Palabra de Dios.

Las filosofías de Fletcher y de otros como él se convierten así en el puente entre el *deísmo* (Dios hizo el mundo y lo puso en el espacio, sin tener nada más que ver con él) y el *secularismo* (Dios no tiene nada que ver con nosotros porque Él nunca existió desde un principio).

Fletcher era, en la época, un "teólogo cristiano liberal", aunque finalmente fue un secularista vestido de oveja. En ese punto se encuentra gran parte de la Iglesia hoy día, aunque podríamos afirmarlo con vehemencia. La mayoría de pastores ya no predican más sobre el pecado; más bien, se supone que todos diferenciamos entre el bien y el mal; ¿pero es eso cierto?

Una pieza importante que debe ponerse en su lugar a fin de cambiar radicalmente la perspectiva de las naciones es que la Iglesia vuelva a enseñar la sana doctrina. Necesitamos poner los fundamentos de la verdad para nuestra gente; necesitamos estar centrados en la Biblia en lugar de ser "sensibles con quienes buscan", o pronto cambiaremos el ver a personas salvas por ser políticamente correctos.

Necesitamos enseñar la Palabra. Necesitamos dejar claro desde nuestros púlpitos lo que Dios considera pecaminoso en su mundo. El don de enseñanza fue destacado en los años setenta en la Iglesia, pero ha perdido popularidad en décadas recientes. Debemos completar el círculo, no solo dando charlas inspiracionales sino enseñanza línea por línea. Si no lo hacemos, llegará una ola de engaño mayor que cualquier cosa que hayamos visto anteriormente, y nuestras iglesias serán arrastradas en ella sin ni siquiera un susurro de protesta.

No solo necesitamos enseñar la Palabra en las iglesias, sino también demostrar valores piadosos en la sociedad al convertirnos en personas que influyen en el mundo laboral de nuestras naciones, permitiendo que la sabiduría de Dios reine. Necesitamos discipular a nuestros hijos para que lleguen a ser líderes, líderes piadosos, que puedan enseñar claramente que la Biblia tiene más sabiduría para crear una sociedad justa que cualquier otra fuente de conocimiento o sistema de moralidad.

Como creyentes, hemos tenido una gran carencia a la hora de formar a generaciones futuras para dirigir nuestras naciones. Otras ideologías no han sido negligentes en esto. El Partido comunista ha difundido su doctrina por todo el mundo. Si los comunistas pudieron influenciar continentes enteros con su sistema de creencia, ¿por qué no podemos hacerlo nosotros? El comunismo es la falsificación del cristianismo. Dios tiene un plan para las naciones; necesitamos interesarnos lo suficiente para descubrir cuál es ese plan.

Después de la caída del comunismo en Europa Oriental, algunos cristianos llegaron al poder, pero no supieron cómo dirigir un gobierno. Finalmente, el pueblo volvió a elegir a los comunistas porque, al menos, ellos podían establecer algún tipo de estructura de gobierno. Eso se debe a que, como parte de su adoctrinamiento, ellos estudiaron cómo derrocar y formar gobiernos. Ellos tenían un sistema pre-suscrito que seguir, y los cristianos no lo tenían.

Hay algunos en este punto que siguen diciendo: "¿Pero no cambiarán las cosas si simplemente tenemos avivamientos nacionales?". Sí, ese es un importante punto de comienzo, pero no es suficiente. Aunque el evangelismo es una de las claves para discipular naciones, también debemos estar preparados para discipularlas en el "pensamiento de nación santa" después de que las personas sean salvas. Este discipulado debe incluir la renovación de sus mentes con la Palabra de Dios en áreas donde nuestras iglesias y universidades cristianas no han ido, abordando las primeras cinco puertas de la sociedad: (1) gobierno, (2) prensa y comunicaciones, (3) el mundo laboral, (4) las artes, y (5) la educación.

Mi esposo y yo hemos hablado sobre cómo íbamos a la escuela dominical cada semana cuando éramos niños y nos enseñaban los conceptos básicos de la Escritura; sin embargo, muchas iglesias actualmente no tienen ninguna formación de discipulado por grados. Con frecuencia es una proposición de "entiende o no" y hace poco por enseñar una perspectiva bíblica. Las iglesias generalmente no saben cómo discipular con una mentalidad de Reino. Hemos sido estupendos al enseñar a las personas cómo ser siervos, pero descuidados al enseñar a esos siervos a reinar como José lo hizo en Egipto. ¿Cómo es que tenemos las llaves del reino, pero aun así tenemos que seguir abriendo las ventanas de los cielos para nuestras naciones hoy día?

En los capítulos siguientes veremos esas áreas de la sociedad y comenzaremos a explorar cómo serían si fueran reconstruidas a la imagen que Dios tiene para cada una de ellas. Los apuntalamientos de la Escritura fueron quitados de nuestras sociedades hace muchos años, pero Dios nos ayudará a volver a ponerlos en su lugar. Necesitamos aprender a pelear la buena batalla por las mentes y las almas de nuestros hijos, nuestras escuelas, nuestras instituciones y nuestras naciones.

Capítulo Cinco

Enseñar a las naciones

Muchos de nosotros nos sabemos de memoria los versículos conocidos como la Gran Comisión mientras seguimos sin entender lo que realmente dicen. Oímos: "Salid y hacer convertidos". Pero en realidad dice: "Id y haced discípulos de todas las naciones… enseñándoles que guarden todas las cosas que os he mandado" (Mateo 28:19–20). Expresémoslo con palabras actuales: "Salgan y enseñen a los estudiantes los caminos y la sabiduría de Dios". O podría usted parafrasearlo: "Enseñándoles la verdadera perspectiva bíblica".

¿Habla esto de comenzar clases de escuela dominical dondequiera que vayamos? Yo no lo creo. Aunque necesitamos la escuela dominical para el discipulado, también necesitamos estar donde están los estudiantes —en nuestras escuelas, institutos y universidades— y también enseñar a nuestros hijos en casa. Sin embargo, hemos entregado la tarea de enseñar a nuestras a naciones a nuestros gobiernos y hemos aceptado la enseñanza del *naturalismo humanista* como ciencia; y ahora esta filosofía impía ha invadido cada área, pero no anteriormente no solía ser de esa manera. Hace solamente un siglo eran los cristianos quienes construían las escuelas, escribían el programa de estudios, y enseñaban a nuestros hijos cómo vivir. Menos de hace medio siglo nuestros alumnos en Estados Unidos aún comenzaban el día con oración en el salón de clase. ¿Cómo han cambiado tanto las cosas?

Cuando miramos el mundo en la actualidad, ¿podemos decir que hay alguna nación que haya sido enseñada a observar todo lo que Jesús nos mandó? ¿Por qué no? Admito que la idea de enseñar a una nación es abrumadora; sin embargo, entiendo que cada creyente tiene un llamado a hacer precisamente eso, y cada uno de nosotros es crítico para que eso se cumpla. Usted tiene un lugar con respecto a cambiar naciones, sea usted una madre que no trabaja fuera de casa y está con sus hijos, un ejecutivo de una empresa, ¡o un plomero!

Si esto le sorprende, puedo identificarme con usted. Antes de que Dios me mostrara esto, yo estaba en la misma barca. Leí mi Biblia por años, testificaba activamente a personas individualmente, pero nunca entendí que yo tenía una responsabilidad no solo de discipular sino de enseñar a *naciones*. ¿Por qué no veía yo eso como mi papel?

Por una parte, no se me ocurrió ni siquiera pensar en esa escala. Evidentemente, tampoco se le ha ocurrido a una gran parte del cuerpo de Cristo. ¿Cómo podía ser? En su mayor parte hemos aceptado una perspectiva cultural sin pensarlo dos veces.

Parte de eso es debido a algo llamado *dualismo*, que surge del pensamiento griego. La mayoría de nosotros que hemos sido educados mediante los modelos de educación occidental vemos todas las cosas mediante el filtro del pensamiento griego. El dualismo cataloga el mundo en lo que es espiritual —puro y bueno—, y lo que es material, o corrupto y malo. Según una forma de dualismo, el cuerpo físico de una persona es una "cárcel", un impedimento para el espíritu puro de la persona. Otra forma de dualismo puede encontrarse en el pensamiento de Platón; él habla de "formas" espirituales que son más puras y más reales que sus "copias" materiales en la tierra. El dualismo es también muy individualista en lugar de comunitario; por tanto, los que estamos afectados por esta filosofía primeramente tomamos el mandato de Jesús de hacer discípulos como un mandato espiritual pero no material, pensando que solamente necesitamos enseñar sobre ser convertidos y vivir espiritualmente, y relacionándolo solamente con individuos y no con comunidades o naciones. Nos hemos relegado tanto a un rincón que tenemos poca relevancia para el resto de la sociedad.

Como resultado, leemos Mateo 28:19–20 como: "Vayan a todo el mundo y evangelicen a individuos y enséñenlos a obedecer las lecciones espirituales de la Biblia". Aunque, desde luego, debemos hacer eso, ya que Dios quiere que todos sean salvos (ver 1 Timoteo 2:4) y vivan vidas plenas, pasamos por alto el mandato bíblico real de ir al mundo y enseñar a naciones cómo observar la moral, la ética, el carácter, los principios y las doctrinas de la Biblia. Mientras que puede que permitamos que el mundo que conocemos los domingos afecte a nuestro modo de funcionar como individuos de lunes a sábados, no comprendemos nuestras responsabilidades de enseñar a la sociedad como un todo. De hecho, estamos tan lejos de ese entendimiento sobre la educación, o de discipular y enseñar a naciones, que muy pocos creyentes ven la relevancia de llevar las enseñanzas de Jesús a cada parte de su mundo social, como los negocios, el gobierno, la ciencia, la ley, la educación, y otras áreas similares.

En su libro, *The Church in the Workplace* [La Iglesia en el mundo laboral], Peter Wagner cita a Dennis Peacocke para ilustrar cómo esto nos afecta en el área de los negocios y las finanzas:

> El dualismo ha contaminado el cristianismo evangélico de manera penosa. El mundo laboral era "carnal" porque trataba de "cosas terrenales" como los negocios y el dinero. El adulterio era considerado adecuadamente como pecado, pero la esfera terrenal de la economía era considerada, al igual que la política, como algún tipo de "zona neutral" donde el cristianismo no tenía un verdadero lugar para tratar de afectar al sistema de economía, producción, administración o distribución. De ahí que ningún ministerio cristiano fuera posible en esa esfera.[1]

Darrow Miller denomina a este pensamiento *gnosticismo evangélico*. Dicho con sencillez, hay una fuerte línea entre los mundos espiritual y natural, y tienen poco o nada en común el uno con el otro. Ciertos aspectos de la vida se consideran sagrados o espirituales —como la fe, la teología y las misiones—, y se meten en "el molde del domingo". Los aspectos físicos de la vida —como alimentar a los pobres, la ciencia, el gobierno, las leyes de la sociedad— se consideran de menor importancia y, por tanto, se ponen en "el molde secular". Así, los ministros del púlpito son metidos en "el molde espiritual" mientras que todos los demás que no predican desde un púlpito son puestos en un "molde secular".

Renovar nuestra perspectiva

En el pensamiento bíblico, sin embargo, no es así. El Antiguo Testamento rechaza rotundamente el dualismo. El pensamiento hebraico comienza con la premisa de que Dios es Aquel que creó el mundo físico (ver Génesis 1:1); por tanto, el mundo físico es un regalo de Dios y es bueno. Ya que nuestros cuerpos físicos son también regalos de Dios, también son buenos porque Dios los creó y dijo que así eran. Aún la distinción entre espíritu y cuerpo —o espíritu, alma y cuerpo— es indistinta. Al igual que Dios es uno —aunque es Padre, Hijo y Espíritu—, así lo somos nosotros.

Dios se dirige a naciones al igual que a individuos, y lo que había de ser para la sinagoga también había de serlo para el mundo laboral, la escuela, el laboratorio, el hospital, el museo, el teatro, la discusión política en el café de la esquina, o en cualquier otro lugar donde se reúnen personas. Según una perspectiva bíblica, es espiritual ser un científico o un maestro de ciencias, porque Dios creó el mundo. El Creador nos dio el amor por la belleza y el arte, así que también deberíamos expresar eso mediante la pintura, la música y el drama. Nosotros, sus hijos, de entre todas las personas, deberíamos llevar orden al caos en cada aspecto de la vida.

Aunque deberíamos conformar al mundo al patrón bíblico de Dios mediante enseñarle a observar todas las cosas que Él nos ha mandado, no solamente no sabemos *cómo* hacer eso, sino que tampoco lo consideramos nuestro *papel*. Veamos de nuevo Juan 3:16: Dios ama *al mundo*, y Él quiere que nosotros también amemos al mundo. Necesitamos regresar a nuestro mandato de Génesis a ser administradores de toda la creación. Debemos participar junto con el Espíritu Santo no solamente en llevar a individuos a la salvación en Cristo (algo de crítica importancia eterna), sino también en cumplir nuestro papel como cuidadores y administradores de todo lo que hay en la creación. Cuando hacemos eso, comenzamos a entender cómo enseñar a las naciones tal como Dios quiso que lo hiciéramos.

¿Es este un objetivo demasiado optimista? No. En mis viajes he visto naciones dar grandes pasos muy positivos hacia adoptar las intenciones de Dios para ellos. Argentina, como mencioné anteriormente, es solamente una de ellas. Sin embargo, puedo decir con veracidad que no conozco una sola nación donde los creyentes hayan cumplido su mandato bíblico. Los Estados Unidos vieron esto hasta cierto grado en su fundación, pero esa herencia se ha dejado en el polvo por parte de muchos en la sociedad actual. Es desalentador pensar en el hecho de que aunque no hemos tenido éxito en enseñar a naciones enteras, hay un grupo que sí lo ha tenido: los humanistas. Eso ha sucedido al menos en el mundo occidental. Otras naciones han sido influenciadas también porque la mayoría de los intelectuales de esas naciones han recibido su educación en universidades que han creído la perspectiva humanista.

¿Cómo ha sucedido eso? Se puede entender mejor si seguimos una estrategia diabólica que comenzó hace mucho tiempo en Inglaterra con un hombre llamado Erasmus Darwin, el abuelo de Charles Darwin. Él era un doctor que provenía de una línea familiar muy acomodada que estaba relacionada por matrimonio con la familia Wedgwood (de refinada fama). Es interesante observar cuántos de los propagadores originales del pensamiento de la evolución fueron influyentes personas ricas.

Erasmus era miembro de la Sociedad Lunar, un grupo de catorce destacados industriales, filósofos naturalistas e intelectuales que se reunieron regularmente en Birmingham, Inglaterra, desde 1765 hasta 1813. La Sociedad Lunar reconocía la Biblia como el mayor obstáculo para el logro de sus objetivos socialistas. Su intención primordial era retirar a la Iglesia de su posición de poder en Gran Bretaña.[2]

Ellos sabían que nunca tendrían éxito con un ataque directo a la Iglesia, y por eso desarrollaron un plan para desacreditar la historia de la creación y, con ella, también la Biblia. Para obtener su objetivo, también pretendieron que Dios no era el Creador del mundo. Razonaron que las personas llegarían a la conclusión de que si Dios no era el Creador, entonces ninguna de sus leyes estaba en efecto tampoco. La Iglesia en Gran Bretaña era la guardadora de las leyes de Dios, y así, al desacreditar al Creador, las personas desacreditarían a la Iglesia.

Mirando atrás, fue un plan taimadamente brillante. Erasmus, uno de los fundadores de la Sociedad Lunar, escribió un libro titulado *Zoonomía*, el cual puso el fundamento de lo que su nieto Charles afirmaría más adelante en su obra *Sobre el Origen de las Especies* (1859), con el subtítulo *Por medio de la selección natural o la preservación de las razas favorecidas en la lucha por la vida*. Karl Marx y Adolf Hitler creyeron totalmente su pensamiento, y el resultado fue el asesinato de más de seis millones de judíos durante el Holocausto y muchos millones más bajo el comunismo.

Otros contribuidores de la Sociedad Lunar alimentaron este sabotaje evolutivo. Un jugador clave fue un hombre llamado James Hutton (1726–1797). Él rechazó la idea de un diluvio literal mundial, llamándolo una fabricación por parte de quienes él consideraba escritores judíos sin estudios. Siendo geólogo, él creía que la tierra evolucionó durante un periodo de tiempo más largo que los seis mil años que los eruditos bíblicos tradicionalmente calcularon como la edad máxima de la tierra según los relatos bíblicos.[3]

El pensamiento de Hutton y Darwin se denomina *naturalismo*. Los naturalistas creen que cualquier "fenómeno o hipótesis comúnmente catalogado como sobrenatural es, o bien falso o bien no inherentemente distinto a los fenómenos o hipótesis naturales".[4] Según esta interpretación, no podemos conocer nada de una fuente sobrenatural, esto es, de Dios.

En el principio

Uno de los cambios clave en nuestro pensamiento desde el teísmo (Dios es el Creador y gobernador del universo) hasta el naturalismo humanista se produjo como resultado de la enseñanza de la evolución. Esta es la doctrina a la que están sujetos nuestros hijos cada día en sus escuelas. Si ellos responden en un examen que Dios creó el mundo, suspenden ese examen. Además, los canales de televisión The Discovery Channel, Animal Planet, los dibujos animados, las películas y otras formas de medios de comunicación y entretenimiento alimentan con este tipo de pensamiento a nuestros hijos y pocos de nosotros ni siquiera nos damos cuenta.

Dennis Lindsay, el presidente del instituto bíblico Christ for the Nation en Dallas, Texas, ha empleado una buena parte de su vida investigando la ciencia de la creación. De hecho, él ha escrito una serie de doce libros sobre el tema. Cita el Scopes Trial en 1925 —un evento novelado en la obra *Inherit the Wind* [Heredar el viento] y que legalizaba la enseñanza de la evolución en las escuelas públicas— como un importante hito en la educación norteamericana. Anteriormente a esa época, los fundamentos bíblicos edificados en los Estados Unidos por quienes moldearon la Constitución se enseñaban en las escuelas. La evolución había de ser aún debatida.

Sin embargo, aun en aquella época habría sido inimaginable pensar que la oración sería quitada de las escuelas menos de treinta años después, en 1962, y que la lectura de la Biblia sería prohibida en los salones de clase en 1963. En 1925 la mayoría de las personas aún se burlaban de la idea de que los seres humanos tuvieran a los simios como primos cercanos, y menos a animales unicelulares que "sencillamente se dieron" en un lodo primordial. Se creía generalmente que Dios nos creó como seres humanos y que no somos iguales a los animales.

¿Por qué, entonces, la evolución se ha puesto tan de moda, aunque no tiene más sentido ahora del que tenía hace un siglo? Realmente no hay más evidencia fósil para la evolución en la actualidad de la que había en el año 1925.

Dennis Lindsay dice en su libro *The ABCs of Evolutionism* [El ABC del evolucionismo]:

> Todos los fósiles que se han encontrado son, o bien un 100 por ciento de simios, o bien un 100 por ciento de hombres, o bien un 100 de fraude. No se ha descubierto absolutamente ninguna creación intermedia. Esto se ha vuelto tan dolorosamente obvio que hasta los evolucionistas están hablando cada vez más de la falta de evidencia que rodea el tema de la forma transicional: el eslabón perdido.[5]

Por ejemplo, un artículo en *The Dallas Morning News* en 1994 titulado "Sobre senderos ancestrales: Evidencia contradictoria enreda el camino para los científicos que rastrean los orígenes humanos" decía:

Debido a la falta de evidencia, la controversia rodea prácticamente cada paso de la evolución humana, desde las primeras huellas de Lucy [un fósil del que hablaba el artículo] hasta el último aliento del Neandertal hace unos 35,000 años.

"No es en absoluto como la física de alta energía, por ejemplo, donde uno tiene un cuerpo de teoría altamente desarrollada con el que trabajar", dijo Philip Rightmire de la universidad estatal de Nueva York en Binghamton.

En lugar de una teoría bien definida, la evolución humana tiene un puñado de fósiles y un montón de evidencia genética y arqueológica contradictoria acerca del pasado de los seres humanos.[6]

(El instituto Christ for the Nations tiene el museo de la Ciencia de la Creación en su campus que está abierta al público para quienes deseen estudiar esto con más profundidad).

Cuando la filosofía se hace pasar como ciencia

Por tanto, ¿qué les ha sucedido a nuestras sociedades? ¿Cómo es que la ciencia —el supuesto estudio del universo natural basado en la observación factual— de repente se siente con el derecho de hablar espiritualmente sobre si la creación tuvo un Diseñador o no? No cometa ningún error: las afirmaciones de los naturalistas acerca de los orígenes del universo basadas en la evolución requieren mucha más "fe ciega" para aceptarlas que el libro de Génesis. Sin embargo, ya que el adoctrinamiento del naturalismo ha sido tan completo, ya no podemos simplemente comenzar a evangelizar con el pasaje de Juan 3:16. Pasajes como este presuponen que Dios existe y que Él creó el mundo. Hoy día, a fin de evangelizar, debemos comenzar con Génesis 1:1: "*En el principio creó Dios los cielos y la tierra*".

En una ocasión estaba yo testificando a un homosexual en un avión. Él era un joven realmente agradable, y mantuvimos una conversación maravillosa. Estábamos hablando de las leyes de la sociedad; aunque no hablamos directamente de la homosexualidad, se entendía que nuestro tema era si ese estilo de vida era correcto o incorrecto.

Yo le planteé una pregunta en mitad de nuestra conversación:

—¿Tienes padre?

—Sí—respondió él. Yo proseguí.

—Cuando eras pequeño, ¿tenía tu padre reglas que tú tenías que obedecer como hijo suyo?

—Sí—contestó él. (Iba de viaje a casa a visitar a su familia).

—¿Por qué hacía él eso?—pregunté.

—Bien—respondió él—, supongo que porque él era la autoridad y tenía ese derecho.

Lo siguiente que yo dije fue:

—¿Por qué crees que tenemos leyes en nuestra sociedad?

—Porque las necesitamos para evitar que las cosas se deterioren y se vuelvan una anarquía—contestó él.

—¿Deben obedecerse esas leyes?—le dije. Puse ejemplos como pasarse semáforos en rojo, y luego seguí con robar y asesinar.

—Desde luego que sí—respondió él con una sonrisa.

—Bien, entonces—proseguí yo—; digamos que hay un Dios y que Él es el Creador de ti y de mí y de todo, como dice la Biblia. Si eso es cierto, entonces Él hizo el universo, y la Biblia dice que Él es quien pone las reglas.

—Muy bien—dijo él.

—Él es la autoridad y el dador de la ley como Creador—proseguí yo—, y Él escribió sus reglas en el libro de reglas: la Biblia. ¿Qué crees que sucede cuando no obedecemos sus reglas?

Desde ese punto pude ver entendimiento en sus ojos.

—¿Has visto la película *La Pasión de Cristo*?—le pregunté.

—Mi amigo quiere que la vea con él—contestó él.

—Bien—dije yo—, de esto se trata la película, y esto es lo que tú haces para responder—y procedí a darle el plan de salvación.

Lo siguiente que sucedió fue muy dulce. Él sonrió y sacó un libro de su mochila.

—Cindy—dijo—, ¿has leído alguna vez este libro? Mi compañero lo está leyendo y me lo dio.

Era *Una vida con propósito*, de Rick Warren.

El punto que quiero establecer es que él no tenía ningún marco de referencia para Juan 3:16, así que tuve que regresar a Génesis para testificarle.

Solamente otro animal

Debido al darwinismo, ahora estamos en un punto en muchas naciones en que el cristianismo recibe resentimiento y oposición, hasta en Estados Unidos. El *darwinismo social* declara que el hombre es solamente una forma más elevada de animal —un simio evolucionado— en lugar de ser la corona de la creación de Dios y que tiene un alma. Sin embargo, también creen en el *progresivismo*, que el hombre mejorará cada vez más con el paso del tiempo hasta llegar a un estado de utopía de paz mundial. Hemos cambiado "la gloria del Dios incorruptible en semejanza de imagen de hombre corruptible, de aves, de cuadrúpedos y de reptiles" (Romanos 1:23). Debido a esto, Dios nos ha entregado a la "inmundicia", las "pasiones vergonzosas" y a una "mente reprobada" (ver Romanos 1:24–28).

Algunos activistas a favor de los animales creen que las personas que causan la muerte de un animal deberían recibir el mismo trato en los tribunales de justicia que quienes asesinan a seres humanos, porque creen que somos solamente animales en distintas etapas de evolución (por favor, no me malentienda; yo quiero a los animales y no apruebo el maltrato a animales). La obra de Desmond Morris, *The Naked Ape* [El mono desnudo] (1967) popularizó este modo de pensar. Esto es sorprendente, porque no hay relación evolutiva que nos dé evidencia de que eso es así.[7]

Una de las razones por la que los dueños de esclavos podían decir que eran cristianos nacidos de nuevo y aun así ser dueños de seres humanos era que creían que los africanos que capturaban eran subhumanos y no tenían alma. Este profundo pecado está por encima del racismo y es similar al darwinismo. En sus mentes, ellos podían hacer lo que quisieran con sus esclavos porque creían que ellos mismos eran una forma más elevada de animal. El Ku Klux Klan creía en la supremacía de los blancos y razonaba que ellos podían asesinar a personas de raza negra porque creían que los afroamericanos eran poco mejores que animales. La enseñanza de la evolución hoy día puede fácilmente reforzar la raíz de tal odio racial.

Este pensamiento podría también ser respaldado por la *selección natural* de Darwin. Solamente ciertas razas y personas eran los más aptos y los más evolucionados. No muchas personas están familiarizadas con el subtítulo del libro de Darwin *Sobre el origen de las especies*, mencionado anteriormente en este capítulo: *Preservación de las razas favorecidas*. Desgraciadamente, la idea de la eugenesia no fue popular solamente entre los nazis al comienzo del siglo XX. Muchos estadounidenses notables, incluyendo a presidentes, la apoyaban.

Aunque este capítulo no tiene la intención de presentar una enseñanza completa sobre la evolución versus la ciencia de la creación, esta discusión es un elemento clave para entender cómo hemos llegado donde estamos en la actualidad: sociedades enseñadas por humanistas con el plan de erradicar por completo a Dios. El *humanismo* es la creencia en que podemos hacer las cosas bien en el mundo por medio de la bondad humana que es universal en toda la humanidad. Los humanistas no creen en el Dios de la Biblia y creen que las personas son básicamente buenas y escogerán el camino correcto mediante su bondad innata. Lo que es correcto es racionalista, y está basado en las necesidades de la sociedad como todo en lugar de basarse en los conceptos absolutos de nuestro Creador.

El darwinismo social ahora ha evolucionado al humanismo y se ha vuelto similar a un virus sociológico en una computadora que ha destruido la estructura de sociedades por toda la faz de la tierra. Al adentrarnos más en áreas de justicia bíblica, verá cómo nos ha afectado. Aunque algunas de las referencias serán a los Estados Unidos, los lectores de otros países podrán aplicar el entendimiento bíblico a sus países y sus sistemas judiciales.

La creciente influencia del humanismo

¿Cómo han sido capaces los humanistas de propagar su ideología? La respuesta es sencilla: mediante los sistemas educativos públicos. Los humanistas saben cómo enseñar a naciones. Al enseñar a los niños, están discipulando a nuestros países en su sistema de creencia. Eso es lo que ha sucedido en los Estados Unidos y por toda Europa.

Transformar los Estados Unidos en una nación basada en el humanismo en lugar de en el cristianismo estuvo bien planeado. Comenzó con un documento llamado *El Manifiesto Humanista* en el año 1933. El preámbulo al manifiesto es sorprendente para el lector cristiano. Aún más sorprendente es el hecho de que uno de los firmantes sea conocido como "el padre de la educación norteamericana moderna": John Dewey. Las siguientes son algunas citas:

> Ha llegado el momento del reconocimiento extendido de los cambios radicales en las creencias religiosas en todo el mundo moderno. Ha pasado el tiempo de la mera revisión de actitudes tradicionales. La ciencia y el cambio económico han interrumpido las viejas creencias...
>
> A fin de que el humanismo religioso pueda ser mejor entendido, nosotros, los abajo firmantes, deseamos hacer ciertas afirmaciones que creemos que demuestran los hechos de nuestra vida contemporánea.

Después de estos comentarios previos, ellos afirman quince puntos no solamente de sus creencias sino también de su plan. Los siguientes son algunos de los puntos:

Primero: Los humanistas religiosos consideran el universo como autoexistente y no creado...

Quinto: El humanismo asevera que la naturaleza del universo descrita por la ciencia moderna hace inaceptable cualquier garantía sobrenatural o cósmica de los valores humanos...

Noveno: En el lugar de las viejas actitudes implicadas en la adoración y la oración, el humanista encuentra sus emociones religiosas expresadas en un sentimiento reforzado de vida personal y en un esfuerzo cooperativo para promover el bienestar social.

Décimo: Se deduce que no habrá emociones y actitudes religiosas del tipo relacionado hasta ahora con la creencia en lo sobrenatural.[8]

Cuarenta años después, en 1973, Paul Kurtz y Edwin H. Wilson escribieron *El Manifiesto Humanista II.* Edwin H. Wilson también fue uno de los escritores del *Manifiesto Humanista.* Se graduó de Meadville Theological School en 1926 y fue ministro unitario ordenado. Paul Kurtz, que ha publicado más de ochocientos artículos y ha editado más de cuarenta y cinco libros, es Profesor Emeritus de Filosofía en la universidad en Buffalo en Nueva York en el momento de escribir este libro.

Con el segundo manifiesto hubo un cambio del humanismo religioso al humanismo secular. El siguiente es uno de sus afirmaciones del prefacio:

Como en 1933, los humanistas siguen creyendo que el teísmo tradicional, en especial la fe en el Dios que oye la oración, que se supone que vive y cuida de las personas, que oye y entiende sus oraciones, y que es capaz de hacer algo al respecto, es una fe no probada y anticuada. El salvacionismo, basado en la mera afirmación, sigue pareciendo dañino, divirtiendo a las personas con falsas esperanzas de un cielo en el más allá. Las mentes razonables buscan otros medios de supervivencia.[9]

Los puntos del manifiesto son sorprendentes. Aunque ellos creen que no deberíamos permitir formas explotadoras de expresión sexual, también expresan que no desean prohibir, ni por ley ni por sanción social, la conducta sexual entre adultos que consientan. También expresan el derecho al aborto. En el área de la sexualidad, afirman lo siguiente:

Creemos que las actitudes intolerantes, con frecuencia cultivadas por religiones ortodoxas y culturas puritanas, reprimen excesivamente la conducta sexual.[10]

La educación pierde sus valores

Puede que se sorprenda, como yo, al saber que John Dewey —quien, según lo que yo sabía, solamente había inventado el sistema decimal Dewey[11]— era partidario de los principios escritos en el *Manifiesto Humanista I.* Debido a su influencia como innovador educativo, una fuerza oscura y maligna entró en los sistemas escolares, no solamente de Estados Unidos, sino por todo el mundo. Dewey era un orador que hablaba a educadores por toda la faz de la tierra.

Uno de los importantes cambios que Dewey hizo en la educación fue ponerla a nivel de la revolución industrial: la educación ya no era enseñar a las personas cómo vivir sino cómo funcionar a fin de conseguir un empleo. La dignidad de las personas ya no estaba determinada por la integridad y su contribución a su comunidad, sino en lo empleables que eran y qué tipo de empleo podían conseguir. Este cambio fundamental golpeó los pilares de la educación moral y los sacó de los salones de clase, y tenía pleno sentido que finalmente siguieran la expulsión de la oración y la lectura de la Biblia. La religión se convirtió en un obstáculo en lugar de en una ayuda y un fundamento del verdadero conocimiento. La ciencia y la democracia se convertirían en la nueva religión.

El siguiente es uno de los ejemplos de conferencias que daba Dewey:

> Pero de una cosa estoy bastante seguro: nuestras opiniones ordinarias acerca del surgimiento y la caída de la religión son altamente convencionales, basadas principalmente en la aceptación de un estándar de religión que es el producto precisamente de esas cosas en las religiones históricas *que están dejando de ser creíbles.* En cuanto respecta a la educación, quienes creen en la religión como una expresión natural de la experiencia humana deben dedicarse al desarrollo de las ideas de la vida que yacen implícitas y son aún nueva ciencia y son aún democracia más nueva. Deben interesarse en la transformación de esas instituciones que aún llevan el sello dogmático y feudal (¿y cuáles no lo llevan?) hasta que estén de acuerdo con esas

ideas. El realizar este servicio, su negocio es hacer lo que puedan para evitar que todas las agencias educativas públicas sean empleadas de maneras que inevitablemente impidan el reconocimiento de la trascendencia espiritual de la ciencia y la democracia, y de ahí del tipo de religión que será la fina flor de logro del espíritu moderno.[12]

Esta filosofía está en la raíz de todo distrito de escuela pública en Estados Unidos, al igual que en los sistemas de otras naciones. El humanismo se ha convertido en la religión aceptada de nuestro sistema educativo, y su púlpito es el salón de clase de la escuela pública.

La obra de Dewey, *School and Society* [Escuela y sociedad] puso el fundamento de la transformación de las escuelas en semilleros de humanismo. Otra de sus afirmaciones muestra sus planes:

> Yo creo que el verdadero centro de correlación sobre los temas escolares no es la ciencia, ni la literatura, ni la historia, ni la geografía, sino las actividades sociales del niño... Yo creo que la escuela es primordialmente una institución social... Todas las preguntas sobre la evaluación del niño y su paso de curso deberían estar determinadas por la referencia al mismo estándar. Los exámenes son de utilidad solamente hasta el punto en que prueben la preparación del niño para la vida social.[13]

El humanismo se ha vuelto mayoritario mediante el progresivismo y la teoría naturalista, los cuales omiten cualquier referencia a Dios o la religión. En los años sesenta, esas ideologías controlaban las bases de poder de la educación en todos los niveles. En otras palabras, ellas transformaron la sociedad mediante la educación.

Catherine Barrett, presidenta en los años 1972–73 de la Asociación Nacional Educativa (el sindicato de maestros más grande del país), se dirigió a los miembros en 1975, diciendo lo siguiente:

> Necesitaremos reconocer que las así denominadas destrezas básicas, que actualmente representan casi el esfuerzo total en

las escuelas primarias, se enseñarán en una cuarta parte del actual día escolar. El tiempo restante se dedicará a lo que es verdaderamente fundamental y básico, tiempo para la investigación académica, tiempo para que los alumnos desarrollen sus propios intereses, tiempo para un diálogo entre alumnos y maestros; más que un dispensador de información, el maestro será un *comunicador de valores, un filósofo*.[14]

En un discurso de apertura a los miembros de la Asociación para la Educación de la Niñez, el psiquiatra de Harvard, Chester M. Pierce, desafió a los maestros de escuelas públicas a conducir el camino para transformar a la siguiente generación:

Todo niño en Estados Unidos que entra en la escuela a la edad de cinco años está mentalmente enfermo... porque llega a la escuela con ciertas lealtades a nuestros Padres Fundadores, hacia nuestros oficiales electos, hacia sus padres, hacia una creencia en un ser sobrenatural, y hacia la soberanía de esta nación como una entidad separada. Les corresponde a ustedes como maestros hacer que todos esos niños enfermos se curen, creando al niño internacional del futuro.[15]

Contrastemos eso con lo que sabemos sobre la educación en Estados Unidos por los libros de texto utilizados, como *The New England Primer*, con dos millones de ejemplares vendidos en el siglo XVIII. Entre sus otras lecciones, se les enseñaba a los niños la oración:

Ahora que me voy a dormir,
te pido, Señor, que guardes mi alma;
si muero antes de despertar,
te pido, Señor, que tomes mi alma.[16]

Otro libro de texto muy conocido fue *The McGuffey Reader*. Se calcula que se vendieron ciento veinte millones de ejemplares del *McGuffey Reader* entre 1836 y 1960. Se siguen vendiendo a un ritmo de treinta mil ejemplares al año.[17]

William Holmes McGuffey (1800–1873) enseñaba en la universidad de Miami en Oxford, Ohio, cuando su amigo Harriet Beecher Stowe (autor de *Uncle Tom's Cabin* [La cabaña del tío Tom], uno de los toques de difuntos de la esclavitud en los Estados Unidos) le recomendó a un editor para escribir cuatro libros de lectura graduados para alumnos de la escuela primaria. Esos libros de lectura ayudaron a formar la moral de la nación. Enseñaban sobre asuntos de carácter: que mentir, engañar, robar y utilizar un lenguaje vulgar eran cosas malas. Eso fortaleció la fibra moral de la nación. *McGuffey Reader* desempeñó un papel importante en la historia de Estados Unidos.

Situemos esos libros y valores frente a los que se enseñan en las principales universidades de Estados Unidos en la actualidad. La universidad de Michigan ofrece un curso de inglés 317: "Cómo ser gay: La homosexualidad masculina y la iniciación". Los alumnos de la universidad de Maryland pueden elegir "Temas seleccionados en la literatura lesbiana, gay y bisexual". UCLA ha ofrecido clases como "Literatura lesbiana y gay antes de Stonewall". Otras universidades ofrecen cursos sobre política sexual y musicología gay y lesbiana.[18] ¿El plan? Que Estados Unidos se "homosexualice". Esa es parte de la agenda de quienes dieron forma al *Manifiesto homosexual*. Aunque comienza como sátira, ha sido seguido como doctrina por quienes tienen un plan para la "homosexualización" de las naciones.

Ese plan se extiende por todo el camino hasta los niveles de escuelas primarias y guarderías. Se alienta a los niños de cinco años a leer libros en los distritos escolares de Carolina del Norte con una agenda homosexual. Uno de los que se ha aprobado es *King and King* [Rey y rey], de Linda de Han y Stern Nijland. Es la historia de cómo un rey se casa con otro rey. Hay más de cuarenta libros infantiles circulando que tienen un tema homosexual como este.

Mientras escribo, han pasado cuarenta años desde lo que se denominó en Estados Unidos "el verano del amor" (1967) en San Francisco. Fue realmente el verano de la promiscuidad y pecado que liberó una ola de rebelión contra Dios en la sociedad. Después de la universidad, muchos de los que participaron en este movimiento llegaron a ser maestros en las universidades de las naciones y enseñaron sus ideologías a sus alumnos. Estamos viendo el fruto de eso en la sociedad hoy día.

Atacar las fortalezas

Satanás es un estratega. Solamente unos pocos años antes de ese "verano de amor", la lectura de la Biblia y la oración fueron oficialmente eliminadas de las escuelas públicas. Desde entonces, millones de niños dejaron de oír las verdades de Dios en la escuela cada día, de reconocer a Dios como el Creador y Gobernador del universo. No es difícil ver una relación entre esos eventos.

Cuando vemos el sistema educativo en los Estados Unidos —donde los influenciadores de naciones envían a sus hijos para ser preparados para la vida— deberíamos considerar esta advertencia de Romanos:

> Porque la ira de Dios se revela desde el cielo contra toda impiedad e injusticia de los hombres que detienen con injusticia la verdad; porque lo que de Dios se conoce les es manifiesto, pues Dios se lo manifestó... y de igual modo también los hombres, dejando el uso natural de la mujer, se encendieron en su lascivia unos con otros, cometiendo hechos vergonzosos hombres con hombres, y recibiendo en sí mismos la retribución debida a su extravío. Y como ellos no aprobaron tener en cuenta a Dios, Dios los entregó a una mente reprobada, para hacer cosas que no convienen; estando atestados de toda injusticia, fornicación, perversidad, avaricia, maldad; llenos de envidia, homicidios, contiendas, engaños y malignidades.
>
> Romanos 1:18–19, 27–29

Por tanto, ¿qué debemos hacer? Muchos en Estados Unidos han tomado el camino de la enseñanza de sus hijos en el hogar o enviarlos a escuelas cristianas privadas. Esas son elecciones buenas y viables; sin embargo, ¿qué de los otros niños en nuestras naciones? ¿Cuál es nuestra responsabilidad moral hacia ellos? ¿Cómo realmente enseñamos a naciones y revertimos lo que ha sucedido en nuestras escuelas?

¿Y qué de las naciones que no tienen una educación cristiana privada? ¿Qué de los pobres que no pueden permitirse enviar a sus hijos a escuelas privadas o comprar programas de estudio para enseñarles en casa? ¿Abandonamos simplemente a esos niños al darwinismo social y al humanismo? Antes que nada, necesitamos una estrategia de oración. El capítulo 9, "Legislar en los cielos", detalla cómo comenzar a romper las fortalezas que se han desarrollado por medio de la falsa enseñanza.

En segundo lugar, necesitamos estar informados. ¿Qué les están enseñando a sus hijos? Miremos sus libros de texto y participemos en sus clases como observadores. Hagamos un tour por la biblioteca de la escuela.

En tercer lugar, descubramos qué están enseñando las universidades que haya en la zona. Si encuentra usted algo que es sorprendente en los cursos, hágaselo saber a otros y envíen una queja formal a la universidad. Descubra quién financia las escuelas y escriba a esas personas. Proteste a sus líderes gubernamentales si encuentra algo que sea ofensivo.

En cuarto lugar, participe en el sistema. Con esto quiero decir que aliente a los alumnos de escuela dominical a llegar a ser maestros en escuelas públicas. Los niños deberían ser criados con la idea de que lleguen a ser misioneros en los sistemas escolares. Maestros, Dios los ungirá para ser agentes de cambio en las vidas de los niños en todo el mundo. Son llamados como revolucionarios santos para su escuela.

En quinto lugar, las iglesias necesitan implicarse en las escuelas públicas. Descubra dónde se realizan elecciones para la junta escolar y únase con los pastores y otros líderes de su zona para elegir a personas piadosas para tener control de lo que sucede en el distrito escolar.

Quiero alentar a los pastores a entender que tienen un papel crítico que desempeñar en la perspectiva de su congregación. Los pastores de iglesias en toda nación siempre han sido, históricamente, una voz a favor de la justicia. Designen un enlace de su iglesia para que les mantenga informados sobre las escuelas de su zona. Concierten una cita con el alcalde u otros oficiales de gobierno en su ciudad y hablen con su congregación sobre lo que han aprendido.

Hay un gran movimiento subterráneo que se está produciendo en los padres cristianos que están informados sobre las condiciones de las escuelas públicas. Las escuelas cristianas privadas y el movimiento de la enseñanza en el hogar en todo el mundo son claves para cambiar las naciones, y pero también debemos infundir a las escuelas públicas justicia para transformar naciones.

Si actualmente es usted un maestro, encuentre a otros maestros que estarían dispuestos a orar juntos. Dios quiere revertir el *Manifiesto Humanista* y sus tentáculos sobre la faz de la tierra. Acepte el llamado de Dios a ser un reformador en el sistema escolar. Forme grupos de oración en sus escuelas.

Pastores, adopten a los maestros de su zona en intercesión. Al mismo tiempo, todos nosotros debemos orar para que surja el avivamiento en todas las naciones de la tierra. Debemos enseñar a nuestros hijos, tanto en la iglesia como en el hogar, que ellos son llamados de Dios a reformar sus naciones según el libro de reglas sociales de Dios: la Biblia. Después de eso comenzaremos a ver elevarse la justicia en nuestras tierras, y cumpliremos el mandato bíblico de "enseñar a naciones a guardar todas las cosas que Él nos ha mandado".

Capítulo Seis

¿Quién es el juez?

Hace varios años me estaba preparando para predicar en una conferencia cristiana en Mar del Plata, Argentina. Parecía no poder discernir lo que Dios quería que predicara aquella noche; estaba "sufriendo por el mensaje", tal como lo expresé, caminando de un lado a otro y orando por dirección.

Cuando iba de un lado a otro en la habitación del hotel me vino un pensamiento extraño. Permita que lo ponga en el contexto de reformar una nación. Yo no había ido a Argentina desde el año 1990. Cada año Dios me daba algún tipo de palabra para la nación, y muchas de ellas habían sido bastante radicales. Por ejemplo, un año reuní a un grupo de principales líderes y les di la palabra profética de que la economía del país iba a derrumbarse. Yo había tenido anteriormente una visión de personas amotinándose en las calles de Buenos Aires, tratando de sacar su dinero de los bancos. Aquello fue difícil de creer para los líderes, pero aun así sucedió en el año 2001.

Desde aquella época, el Señor me había dado profecías que ayudarían a reconstruir el país. El pensamiento que me vino en la hermosa ciudad costera de Mar del Plata fue que debería decir a la gente que tenían que comenzar a pagar impuestos al gobierno.

Puede que eso no suene radical en absoluto para quienes están en los Estados Unidos, pues la mayoría de las personas en ese país saben que todos debemos pagar nuestros impuestos si no queremos ser encarcelados. El Ministerio de Hacienda se mueve con rapidez para perseguir a quienes no lo hacen. Aunque sigue habiendo personas en los Estados Unidos que tratan de evadir impuestos o no pagarlos, la vasta mayoría paga fielmente sus impuestos cuando debe. Pero esa no es la norma en muchos países en desarrollo, entre los que se incluye Argentina.

Aquella noche me puse en pie para hablar en el anterior teatro de la ópera. A la vez que echaba una mirada a los palcos, hablé sobre que Dios es el gran juez del universo y que a fin de agradar a Dios necesitamos ser rectos no solo en nuestro trato con el Creador, sino también con los gobiernos terrenales. Dije: "Puede que ustedes no paguen impuestos porque creen que el gobierno es corrupto y no se merece su dinero. Sin embargo, la Biblia es clara sobre el tema en Romanos 13:1–2, 7:

> Sométase toda persona a las autoridades superiores; porque no hay autoridad sino de parte de Dios, y las que hay, por Dios han sido establecidas. De modo que quien se opone a la autoridad, a lo establecido por Dios resiste; y los que resisten, acarrean condenación para sí mismos... Pagad a todos lo que debéis: al que tributo, tributo; al que impuesto, impuesto; al que respeto, respeto; al que honra, honra.
>
> Romanos 13:1–2, 7

Al final del servicio pedí que se pusieran en pie todos los que no pagaban impuestos. Me quedé anonadada ante la respuesta. La conferencia era principalmente para líderes de iglesias y cristianos dedicados y, sin embargo, la mayoría de la audiencia se puso en pie. Aquellas queridas personas fueron muy sinceras. Muchos pasaron adelante e hicieron un voto al Señor de comenzar a pagar al gobierno lo que les correspondía. Se arrepintieron con una profunda sinceridad delante del Señor con respecto a este tema; luego nosotros oramos por ellos para que Dios les diera la fe para seguir haciendo lo que era correcto a este respecto.

Un par de años después yo estaba hablando a uno de los hombres que trabaja con los pobres en ese país. Él me dio este testimonio:

> Cuando le oí compartir cómo Dios le había hablado de que uno de los problemas que tenemos en Argentina es que los miembros de las iglesias no pagan impuestos al gobierno, fui golpeado con convicción. Yo era uno de quienes pagaban a

nuestra gente "sin reflejarlo en los libros", y de esa manera no tenía que pagar impuestos al gobierno de sus salarios.

La noche en que usted nos dio la profecía de pagar impuestos, yo decidí cambiar. Fui a casa y reuní a mis líderes, y les dije que, desde aquel día, iba a pagar impuestos además de mantener sus salarios. Aquello requería mucha fe por mi parte; sin embargo, desde aquel día Dios ha suplido.

Mi amigo siguió diciendo que él no solo pagaba al personal y sus impuestos, sino que Dios le había dado también un gran incremento en su trabajo entre los pobres.

Otros pastores regresaron a sus iglesias y predicaron a sus congregaciones que ellos tenían que pagar sus impuestos. ¿Existe alguna relación entre la acción que emprendió la iglesia y el giro económico del país? Yo creo firmemente que la bendición del Señor llegó sobre ese país porque la iglesia comenzó a actuar de manera recta. De hecho, Dios me dio una profecía después de ese tiempo de que la nación se recuperaría sobrenaturalmente de su colapso económico, ¡y sucedió! Uno de los principales economistas del país es cristiano y dice que la notable recuperación financiera de la nación no tiene ninguno de los indicadores económicos usuales que suceden con una recuperación tan dramática de un desastre económico. ¡Hay un factor "sobrenatural" que ellos no sumaron en los índices!

¿Hay algo de justicia?

¿Cuál es la relación existente entre pagar impuestos y el cambio de una nación? Se llama justicia bíblica; cuando actuamos bíblicamente, el justo juez del universo pelea por nosotros. De modo muy similar a cuando Abraham intercedió por Sodoma y Gomorra, Dios estuvo dispuesto a no destruir esas ciudades por causa de unas cuantas personas justas. Lo mismo es cierto para las naciones hoy día porque "la justicia engrandece a la nación" (Proverbios 14:34). Este matrimonio de justicia y rectitud es vital para la reforma de una nación.

Mientras ministraba en la nación africana de Nigeria, quedé perpleja por la aparente desconexión entre los meros números de cristianos y la falta de justicia de la nación. Yo había oído de las famosas reuniones de oración allí, donde millones de cristianos oraban juntos, pero la nación no parecía estar cambiando de ninguna manera positiva. Finalmente, pregunté a algunos de sus principales líderes de negocios: "¿Cómo tiene Nigeria tantos creyentes pero, sin embargo, tiene la reputación de ser uno de los países más corruptos de la tierra?".

La corrupción del sistema (queriendo decir que el soborno y el nepotismo infectan cada área de la relación diaria entre negocios y gobierno) estaba arruinando el país. Todos sabían de ello, pero nadie tenía ninguna solución porque es un problema inmenso y complicado. Por tanto, yo les propuse: "¿Por qué no comenzar hoy escribiendo un pacto de ética entre los líderes de iglesias? Hagamos una lista de ciertas prácticas en las que ustedes participarán y no participarán". Todos estuvieron de acuerdo. El tiempo dirá cuáles son los resultados. Gracias a Dios por los muchos creyentes en Nigeria y en otras partes de África que están orando y trabajando para romper ese espíritu de corrupción.

Donde hay corrupción no es posible recibir verdadera justicia. He oído muchas historias en que los abogados de un caso ponían una gran suma de dinero entre las páginas de los informes que presentaban al juez para demostrar su caso, y el juez entonces decidía a favor de la persona que ofrecía el mayor soborno. ¿Cómo puede ser eso?

Solamente se servirá a la justicia donde estén las amarras de la justicia bíblica. No puede haber un gobierno justo sin principios absolutos y ética; de otro modo, los resultados serán de acuerdo a cuánto dinero se emplee para "comprar" al juez, o quedarán determinados por la "justicia sociológica"; en otras palabras, cualquier cosa que sea coherente con la actual moral subjetiva de la sociedad.

Si hemos de discipular y enseñar a naciones, debemos establecer estándares éticos para cómo nos conduciremos y lo que permitiremos, no según lo que el mundo piensa que es aceptable o por lo que nos facilite la vida, sino por lo que es verdadera justicia. No podemos esperar que nuestras naciones actúen mejor de lo que actuemos nosotros mismos. No podemos ser reformadores cuando no tenemos unos estándares más elevados que quienes nos rodean, sin importar lo pequeños que creamos que pueden ser los problemas que tenemos delante. Nuestra perspectiva quedará reflejada en nuestros actos, y si no actuamos según una perspectiva bíblica, entonces, con bastante sinceridad, no es eso lo que verdaderamente creemos.

Establecer un nuevo estándar de justicia

Un día cuando estaba enseñando en Nigeria, me sentí guiada a hacer que cada persona escribiera las maneras en que no habían obedecido la ley. Les puse ejemplos, como conducir por las aceras, pagar sobornos, aceptar sobornos, etc. Justamente en mitad del sermón, ¡yo comencé a sentir la convicción de Dios! El Espíritu Santo me dijo: "*Cindy, ¡no puedes decirle a la gente que ellos necesitan arrepentirse antes de que tú te arrepientas de tu pecado de quebrantar la ley!*".

Sinceramente, eso me desconcertó. Yo no había matado a nadie, ni había entrado a robar a una tienda; sin embargo, el Espíritu Santo siguió con esa reprimenda, y yo sentí que el temor del Señor me agarraba mientras era confrontada con mi propio pecado: "*¿Y qué acerca de tu pecado de conducir por encima del límite de velocidad permitido?*". (Ahora bien, sobre este punto, ¡algunos van a desear no haber leído nunca este capítulo!). Él continuó: "*¿Qué crees que significan esas señales con números en ellas puestos por el Departamento de Transportes de los Estados Unidos?*". Oh, ¡eso estaba empezando a doler! Esas señales son *la ley*, no sugerencias; y han de ser obedecidas. Entonces Él dijo: "*Quiero que te arrepientas ante toda la Iglesia aquí en Nigeria ¡y les digas que tú eres una pecadora!*".

Aborrezco confesar que mi débil excusa fue: "*Pero Señor, ¡todo el mundo hace eso! ¡Bromeamos sobre eso en los Estados Unidos!*". Aún mientras hablaba, sonaba bastante débil. ¿Qué podía hacer yo? No tenía elección, sino obedecer la voz de Dios. Así que me arrepentí públicamente.

Tengo que confesar que sigo batallando con esto a veces, y tengo un pie muy rebelde que tengo que mantener a raya. Me quejo y pienso cosas como: *Bien, llego tarde. Tengo que ir más rápido. Después de todo, ¡no es culpa mía que llegue tarde!* Cuando yo era niña, mi mamá con frecuencia repetía el adagio: "No se subsana un error cometiendo otro". (Amigo mío, si usted es declarado culpable, sencillamente arrepiéntase de su pecado para que podamos continuar. Por favor, ¡no deje de leer! Pero tampoco piense que puede cambiar el mundo sin actuar con rectitud. Además, ¿por qué debería yo estar sola en mi conducción a paso de tortuga? Mi esposo *siempre* ha conducido dentro del límite de velocidad, y eso siempre me ha molestado; ¡también tuve que arrepentirme de eso!).

No hay rectitud, no hay justicia

Muchos de nosotros puede que no nos sintamos mal al quebrantar la ley y, sin embargo, seguimos queriendo recibir justicia cuando nos ofenden. A fin de discipular y enseñar a naciones, necesitamos mantener estándares más elevados que quienes nos rodean. Esto se debe a que servimos *al* Juez y Legislador del universo, y Él mantiene principios absolutos. Algo o bien es bueno o es malo.

La Escritura es muy directa a este respecto. Nos da el entendimiento de quién es Dios en Isaías 33:22:

> Porque Jehová es nuestro juez, Jehová es nuestro legislador, Jehová es nuestro Rey; él mismo nos salvará.

A fin de entender realmente de qué habla este versículo, es importante contrastar la idea moderna de justicia con un entendimiento bíblico de justicia. Bíblicamente, necesitamos unir el concepto de justicia con la rectitud de Dios si hemos de entenderla verdaderamente. Según el diccionario bíblico *Nelson's Bible Dictionary*, la Biblia habla de "hacer justicia" (ver Salmo 82:3 y Proverbios 21:3) mientras que nosotros hablamos de "obtener justicia". *Hacer justicia* es "mantener lo que es correcto" o "poner bien las cosas". La justicia se hace cuando se mantienen relaciones honorables entre esposos y esposas, padres e hijos, patrones y empleados, gobierno y ciudadanos, y la humanidad y Dios. El diccionario *New Unger's Bible Dictionary* amplía esto al decir que "el hombre en su relación con el hombre debe reflejar la justicia o rectitud de Dios".

Justicia no es solo respeto de los derechos de otro ser humano con respecto a la vida, la propiedad y la reputación, sino que, en su sentido más amplio, también incluye el adecuado reconocimiento de la obligación de cada individuo hacia Dios.

La ley y el situacionalismo son contrarios. No puede haber ley basada en la ética de la situación. La ley sin un juez y legislador final solamente puede deteriorarse y llegar a la anarquía de la tiranía. La ley sin el temor del Señor convierte nuestras ciudades en estados policiales.

En una época, las naciones europeas estaban gobernadas únicamente por las arbitrarias leyes de los reyes. Los reyes eran la ley. Entonces, en el año 1644, Samuel Rutherford escribió su *Lex, Rex, or The Law and the Prince* [Lex, Rex o la ley y el príncipe]. ¿Cuál es el concepto en *Lex, Rex*? Muy sencillamente: la ley es el rey. Rutherford también argumentó que el rey y el gobierno civil deben estar basados en la ley de Dios —la Biblia— y que todo poder y derecho a gobernar provienen de Dios. Si el rey o el gobierno desobedecen la ley, ellos deberían ser desobedecidos.[1] Él dijo lo siguiente acerca del gobierno tirano: "un poder [ya sea] ético, político o moral, para oprimir, no es de Dios, y no es un poder sino una licenciosa desviación de un poder; y ya no proviene más de Dios, sino de la naturaleza de pecado y de la antigua serpiente, que una licencia para pecar".[2] En otras palabras, cualquier gobierno que no viene de Dios caerá presa de la naturaleza pecaminosa del hombre. Los tiranos a veces promulgan leyes inusuales. Un pastor en Iraq me dijo una vez que Sadam Hussein promulgó la ley de que era ilegal que cualquiera excepto él se comiera un plátano.

Finalmente, Dios es *el* Legislador, *el* Rey y *el* Juez. El principal cambio que ha tenido lugar mediante la influencia del humanismo, entre otras cosas, es que las leyes de Dios ya no son finales. Para los humanistas, la humanidad —incluyendo nuestro pensamiento y deseos corrompidos— se ha convertido en rey del universo. El bien y el mal han sido así sujetos a racionalizaciones de nuestras pasiones y debilidades carnales. La *libertad* ya no significa la libertad de hacer lo que es correcto sino la libertad de hacer lo que uno quiera.

La obra *Lex, Rex* de Samuel Rutherford fue ilegal tanto en Inglaterra como en Escocia. De hecho, en el tiempo de la muerte de Rutherford, el parlamento de Escocia había decidido ejecutarlo. Sin embargo, él murió antes de que pudiera ejecutarse la sentencia.

El único fundamento posible para una sociedad justa

Una sociedad no puede ser justa a menos que esté centrada en las leyes absolutas de Dios. Este es un punto crucial que debemos entender como creyentes hoy día. Hay ciertas cosas que nuestra sociedad puede que diga que son legales en la tierra, pero no son legales en el cielo. Son "legales" según las leyes de la nación, pero el gran Juez del universo dice que no lo son.

Una ley no puede ser justa si no es recta. Las leyes no bíblicas necesitan ser abolidas, o nuestras sociedades sufrirán por el pecado que permiten. Sin el matrimonio de rectitud y justicia, los seres humanos hacen sus propias leyes arbitrarias. Quitamos el fundamento de las leyes de Dios y el fundamento de permitir que el Reino de Dios sea establecido en la tierra. El Salmo 89:14 y el Salmo 97:2 dicen que la rectitud y la justicia son el fundamento del trono de Él; Él ha edificado su autoridad sobre ellas y su gobierno está establecido por ellas. Si no entendemos la perspectiva de Dios, entonces no tendremos una definición clara de lo que es justo.

Dios mismo confió a Abraham el conocimiento de que Él iba a destruir Sodoma y Gomorra porque Abraham comprendía este matrimonio de principios:

> Porque yo sé que mandará a sus hijos y a su casa después de sí, que guarden el camino de Jehová, *haciendo justicia y juicio*, para que haga venir Jehová sobre Abraham lo que ha hablado acerca de él.
>
> Génesis 18:19

La Escritura nos dice que David fue un buen gobernador porque administró justicia (*mishpat*) y equidad (*tsadaqah*) a todo su pueblo (ver 2 Samuel 8:15). Según el diccionario Enhanced Strong's Lexicon, *mishpat* significa una "sentencia, decisión (de juicio)", "justicia, equidad, rectitud (atributos de Dios o del hombre)", al igual que alguien que obtiene lo que es "debido (legal)".[3] *Tsadaqah* significa "rectitud" en el "gobierno", "atributo de Dios", "en un caso o causa", "éticamente correcto", y "como reivindicado", y también figuradamente "prosperidad (de personas)".[4]

Otro pasaje poderoso que nos habla con fuerza sobre el tema de la reforma, el discipulado y la enseñanza a las naciones es Isaías 9:7:

> Lo dilatado de su imperio y la paz no tendrán límite, sobre el trono de David y sobre su reino, disponiéndolo y confirmándolo en juicio (*mishpat*) y en justicia (*tsadaqah*) desde ahora y para siempre. El celo de Jehová de los ejércitos hará esto.

Un pensamiento interesante sobre este pasaje es: si su imperio y la paz aumentará, ¿quién hace que eso suceda en la tierra? Pensemos en esto a la luz de Mateo 6:10. Nosotros, como administradores de la tierra, llamados a discipular naciones y enseñarlas a guardar todo lo que Él nos ha mandado, tenemos el mandato de ver que esa *equidad* y *justicia* aumenten en la tierra. Nos corresponde a nosotros creer y responder a ese llamado.

Justicia para todos

Hay al menos setenta y cuatro versículos con respecto al matrimonio entre rectitud y justicia en la Escritura. Cierto número de ellos se refieren a la justicia para lo pobres y oprimidos. Examinaremos algunos de ellos en el capítulo que habla de la economía bíblica.

Las leyes piadosas liberan justicia en la tierra. Los gobiernos que están basados en la ley bíblica son bendecidos y prósperos. De hecho, como acabamos de ver, una de las definiciones de *rectitud* es "prosperidad (de personas)", lo cual significa que cuando una sociedad es justa, prospera.

Cuando las leyes de Dios están en su lugar, la justicia no mirará colores. La justicia no es "la supervivencia de la raza más fuerte", como el darwinismo nos diría. No hay lugar para el racismo en el Reino de Dios. A los ojos de Dios, todos los seres humanos son creados iguales y son la corona de su creación. Por tanto, cada persona, sin importar su estatus económico o el color de su piel, merece justicia, sencillamente porque eso es correcto.

De hecho, la justicia de Dios se extiende por encima de los veredictos de nuestros tribunales de justicia; también incluye la restitución a la persona agraviada. Zaqueo entendió esto y, después de su encuentro con Jesús, dijo: "He aquí, Señor, la mitad de mis bienes doy a los pobres; y si en algo he defraudado a alguno, se lo devuelvo cuadruplicado" (Lucas 19:8). Bíblicamente, la ley de la restitución solamente requería un 20 por ciento extra dado como restitución de la extorsión (ver Levítico 5:16; Números 5:7). Sin embargo, debido a que Zaqueo tuvo una experiencia con el Dios vivo, él hizo más de lo que demandaba la justicia y actuó con rectitud.

La perspectiva de una nación con respecto a la justicia es extremadamente importante para su economía. Al examinar el tema de la ley y el gobierno, vi un rasgo común entre la prosperidad que tanto los Estados Unidos como Inglaterra han experimentado y el fundamento de la English Common Law (Ley común británica) escrita por William Blackstone. Me encanta la historia de Blackstone, y me da una gran esperanza y fe para quienes de otro modo serían descartados por tener poco potencial para cambiar una nación.

Blackstone, a los treinta y cinco años de edad, parecía un fracasado. Tenía sobrepeso y era enfermo crónico. Lleno de dudas sobre sí mismo, se subió al podio en una sala para conferencias de Oxford el 25 de octubre de 1758 para dirigirse a los alumnos. Se disculpó por el plan que iba a presentar como "crudo e imprudente". Sin embargo, la serie de conferencias que él comenzó aquel día fue publicada más adelante con el título de *Commentaries of the Laws of England* (Comentarios de las leyes de Inglaterra) y dominó el discurso legal en Inglaterra y en otras naciones durante más de un siglo.

Los comentarios fueron impresos en cuatro volúmenes. El Libro IV cubría "Ofensas públicas"; hablaba de delitos y castigos, incluyendo ofensas contra Dios y la religión. Blackstone creía que las leyes hechas por el hombre eran como leyes científicas: tenían que ser descubiertas. Dios había puesto ambas en existencia en su creación de modo similar. El lugar de los gobiernos era discernirlas, al igual que era el lugar de científicos como Isaac Newton documentarlas.[5]

En su libro del año 1941, *The Mysterious Science of the Law* (La misteriosa ciencia de la ley), Daniel Boorstin escribió de los *Commentaries* de Blackstone que ningún otro libro excepto la Biblia desempeñaba un rol más importante en la historia del marco legal estadounidense. La huella del sistema judicial del país se fundaba en Blackstone, y la huella de Blackstone era la Biblia.

Abraham Lincoln fue muy afectado por los *Commentaries* de Blackstone mientras iba de camino para llegar a ser abogado. Lincoln al principio pensaba que sería herrero debido a su falta de educación formal; se veía a sí mismo como un mal candidato para las leyes y pensaba que tenía "pocas posibilidades" de éxito. Los dos libros que más influenciaron su vida, sin embargo, fueron la Biblia y los *Commentaries* de Blackstone. Fueron los escritos de Blackstone los que pusieron el fundamento en su mente de que todas las leyes justas deben originarse en preceptos bíblicos. La expresión de la *Declaración de Independencia* está basada casi directamente en frases de Blackstone, como "los autoevidentes", "inalienables Derechos de las personas" otorgados por "las leyes de la naturaleza y de la naturaleza de Dios". Comparemos estas expresiones con el primer precepto del *Manifiesto Humanista* que John Dewey, el así denominado "padre de la educación norteamericana" firmó: "Los humanistas religiosos consideran el universo autoexistente y no creado".

Como norteamericana, tengo que decir con gran vergüenza delante de Dios: *Oh Padre, qué lejos hemos caído de tu ley y tus preceptos incrustados en nuestros fundamentos.* No utilizo a la ligera las palabras *incrustados en nuestros fundamentos.* Son palabras críticas. El éxito de Estados Unidos como nación es dependiente del hecho de que basábamos nuestro gobierno, sociedad y educación primaria en las leyes y los preceptos de la Biblia.

A fin de ver lo mucho que hemos erosionado las raíces cristianas de nuestra sociedad, necesitamos echar una mirada a los precedentes históricos. Por ejemplo, en el año 1824 la Corte Suprema de Pennsylvania, en el caso de *Updegraph versus The Commonwealth*, acusó a Updegraph por blasfemia contra Dios, utilizando la definición legal de Blackstone:

Blasfemia contra el Todopoderoso es negar su existencia o providencia, o pronunciar reproches insultantes sobre nuestro Salvador Cristo. Es castigado por la ley común con multa y encarcelamiento, porque el cristianismo es parte de las leyes de la tierra.[6]

Contrastemos eso con las resoluciones en juicios más recientes (*Stone v. Graham*, 1980; *Ring v. Grand Forks Public School District*, 1980; y *Lanner v. Wimmer*, 1981): "Es inconstitucional que los alumnos vean los Diez Mandamientos, ya que podrían leerlos, meditar en ellos, respetarlos u obedecerlos".[7]

Debemos regresar a los primeros principios

Los Estados Unidos necesitan no solamente un avivamiento nacional sino también una reforma que cambie la nación. Necesitamos regresar a los fundamentos de la Ley Común Británica y a los principios sobre los cuales nuestros antepasados fundaron nuestra nación. ¡En el pasado no era raro que un juez cristiano condujera a un hombre condenado al Señor desde su banco!

Puede que haya leído que John Quincy Adams y el presidente Thomas Jefferson asistían a servicios de la iglesia cuando se realizaban en el edificio del Capitolio. Observemos esta anotación del diario de Adams: "El servicio religioso normalmente se realiza los domingos en la oficina de Hacienda y en el Capitolio. Asistí a ambos, a mediodía y en la noche en Hacienda".[8] La anotación tenía fecha de 23 de octubre de 1803.

¿Cómo hemos caído tan lejos de los principios que nos fundaron como nación? Muchos abogados y jueces cristianos no han estudiado el tema de la justicia bíblica, y por eso no tiene esta base como paradigma para su modo de pensar. Por el contrario, han estudiado jurisprudencia y ley constitucional. Sé que esas dos cosas son obligatorias para aprobar el examen, pero hay un tribunal mayor que ninguno terrenal: es el tribunal del cielo. La Escritura nos habla acerca de la ley de los reyes. Lo siguiente es lo que se requería para cada rey:

> Y cuando se siente sobre el trono de su reino, entonces escribirá para sí en un libro una copia de esta ley, del original que está al cuidado de los sacerdotes levitas; y lo tendrá consigo, y leerá en él todos los días de su vida, para que aprenda a temer a Jehová su Dios, para guardar todas las palabras de esta ley y estos estatutos, para ponerlos por obra; para que no se eleve

su corazón sobre sus hermanos, ni se aparte del mandamiento a diestra ni a siniestra; a fin de que prolongue sus días en su reino, él y sus hijos, en medio de Israel.

Deuteronomio 17:18–20

¿Cómo puede alguien cumplir su llamado como abogado o juez sin estar versado en las leyes de Dios? Dios es el Legislador final. El rey hace las leyes del Reino, el Congreso hace las leyes de nuestra democracia, pero sigue siendo Dios quien hace las leyes del universo.[9]

Tiene que comenzar en nuestros propios corazones

Hace años yo estaba enseñando en Uganda, y de repente supe que Dios me estaba dando una clave para reformar esa nación. Mientras estaba delante de la audiencia de casi diez mil pastores, les dije lo que Dios me había dado para decirles:

Hay algunos de ustedes aquí que recogen ofrendas supuestamente para orfanatos u otras buenas causas, pero en lugar de usar los fondos como han dicho, los usan para edificarse casas a ustedes mismos o para enviar a sus hijos a escuelas privadas. Otros desvían dinero de las ofrendas de la iglesia.

Sin embargo, antes de poder decir nada más, noté que mi intérprete había dejado de hablar. Él estaba ahogado por las lágrimas; yo le susurré: "¿Está usted bien?". Él era un precioso hombre de Dios, y yo no podía imaginar lo que le turbaba.

Él respondió, obviamente bastante quebrantado, llorando: "Mama Cindy, lo siento mucho. Creo que la mayoría, si no es que todos nosotros ¡hacemos esas cosas! Todos nuestros padres en el Señor hicieron ese tipo de cosas, ¡y nosotros no sabíamos que estaban mal!".

Sorprendida y quebrantada, yo continué, hablando a toda la asamblea. "Por favor, entiendan que esta conducta es mentir y robar, y quebranta dos de los Diez Mandamientos". Al final de mi sermón hubo una ola de profundo arrepentimiento, y lloramos juntos cuando ellos declararon que había una nueva generación de líderes en la nación que no participarían en tal corrupción. Yo creo que Uganda está viendo hoy el fruto de ese arrepentimiento. Se han levantado estupendos líderes de ese grupo que ahora están liberando rectitud por todo el país.

Creo con todo mi corazón que Dios está ungiendo una nueva semilla de líderes por toda la faz de la tierra que reformarán, y si es necesario, se opondrán a leyes que quebrantan la ley de Dios. Uno de los mayores problemas que hay que tratar es el aborto. En 1973, el Tribunal Supremo de Estados Unidos declaró legal el aborto en los Estados Unidos por una votación de cinco a cuatro. Desde aquella época se han abortado más de cuarenta millones de bebés en los Estados Unidos. Eso es casi ocho veces la población de la zona de Dallas/Fort Worth, donde yo vivo. Tantos niños inocentes asesinados porque no llegaban en momento oportuno muestra la magnitud de este holocausto silencioso, y es sangre de la que tendremos que responder en el cielo. Los liberales y las feministas dicen que una mujer tiene el derecho de hacer lo que quiera con su propio cuerpo, ¿pero es así? Si así fuera, ¿por qué detenemos a una mujer que trate de cometer suicidio?

Es aquí donde es crítica la comprensión de la unión entre rectitud y justicia. Una mujer podría decir: "Yo no debería tener que ocuparme de un bebé que no planeé tener. No debería tener que tratar con un embarazo cuando puedo abortar". En sus mentes, su acto es justo y correcto. Su situación parece justificar sus actos. ¿Pero es correcto alguna vez asesinar a un niño inocente?

No puede hacerse justicia mediante la ética de la situación; debemos hacer lo que es recto.

El aborto solamente es correcto si no creemos que Dios es el autor de la vida y que la vida comienza en la concepción. En las mentes de muchas mujeres que abortan a sus hijos, solamente se están deshaciendo de tejido, pero la mayoría de nosotros ahora conocemos la verdad.

Una de las principales razones por que estemos tratando del problema del aborto es porque tenemos jueces que creen que la justicia es sociológica, no piadosa. Ellos creen que la rectitud está basada en la voluntad de las personas y en la ética aceptada de la sociedad en la actualidad, en lugar de estar basada en la ley de Dios.

De hecho, somos ingenuos si pensamos que hay un juez neutral. Todos ellos juzgan hasta un grado que está de acuerdo a su propio sistema de creencias, aunque puede que digan que no lo hacen. Solamente un juez piadoso puede salir de su propia perspectiva egoísta lo bastante para juzgar justamente cada vez.

Un movimiento juvenil radical surgió para luchar contra esta maldad en los Estados Unidos antes de las elecciones presidenciales del año 2004. Un joven tuvo un sueño de que él y sus amigos se ponían cintas rojas anchas sobre sus bocas con la palabra *vida* escrita en ellas y se quedaban en vigilia silenciosa delante del edificio de la Corte Suprema hasta que el caso *Roe versus Wade* fuera echado abajo.

El grupo que resultó se llama JHOP, o Casa de Oración de Justicia. Este movimiento de oración juvenil que ora las veinticuatro horas del día tiene su sala de oración en la esquina de la Corte Suprema. Ellos interceden cada día, y lo seguirán haciendo, hasta que el aborto vuelva a ser ilegal en los Estados Unidos. No solamente interceden en la sala de oración, sino que cada día también acuden delante del edificio de la Corte Suprema y oran allí. Están allí llueva o nieve, en el frío del invierno y en el calor del verano. Tienen una causa y una misión: ver el fin del aborto legalizado en ese país. Cuando oran, piden a la corte más suprema en el universo: la corte de los cielos. Sus oraciones serán útiles.

Es mi sueño que muchos de ustedes que leen este libro vivan para ver el día en que el aborto vuelva a ser ilegal. Puede que haya otra causa justa por la que puedan luchar, usando el JHOP como su ejemplo piadoso.

Responder al llamado

Como viajo por todo el mundo, con frecuencia oigo bromas sobre abogados. La mayoría de ellas son sobre corrupción y avaricia en la profesión. Necesitamos desesperadamente mujeres y hombres piadosos que sigan el llamado de Dios a ser reformadores legales, redimiendo las áreas de la ley y la justicia.

Gracias a Dios, hay muchos por todo el mundo que están redimiendo sus sistemas judiciales y derrocando la corrupción. Ellos entienden la unión entre rectitud y justicia.

Dios nos llama a todos nosotros a ver que se haga justicia para los pobres, los necesitados, las viudas, los huérfanos y los niños no nacidos. Un día miraremos los rostros de nuestros hijos y nietos y les contaremos las historias de la batalla por los tribunales de justicia. Puedo oír las dulces voces de futuras generaciones preguntar con incredulidad: "Abuelo, ¿de verdad las mamás y los papás mataban a bebés inocentes cuando tú eras niño?".

El día 17 de enero de 2005 me puse en pie en las escaleras del monumento Lincoln Memorial con un grupo de adolescentes, oyendo el llamado a reformar nuestra nación. Era el día de Martin Luther King Jr., y yo pensé en el famoso discurso que el Dr. King dio precisamente desde aquel punto a cientos de miles de personas, y su voz resonando con las palabras: "*Tengo un sueño*".

Mientras miraba al herboso centro comercial que se extendía hasta el edificio del Capitolio, comencé a declarar:

> Habrá un día en que los niños en edad escolar de todo Estados Unidos darán sus monedas para construir memoriales en este centro comercial a los no nacidos. El memorial será construido por una nación recta para mostrar su dolor por el holocausto de niños perdidos debido al aborto, diciendo con ello: "Nunca más esta nación matará a sus bebés en el vientre".

CAPÍTULO SIETE

PONER EL GOBIERNO SOBRE SU HOMBRO

Dios tiene un plan para cada uno de sus hijos. Depositado en el interior de todo hombre, mujer y niño hay un destino, un propósito, y una razón por la cual nació cada uno. Sin embargo, muchos viven y mueren sin siquiera comprender el "porqué" de su existencia.

Es mi oración que a medida que lea usted este libro, sienta el sonido del llamado de Dios a ser un agente de cambio en su generación. Dios está buscando personas dispuestas a responder al llamado a discipular a las naciones. Necesitamos líderes apasionados dispuestos a ser una influencia para Dios. La verdadera libertad y desarrollo depende de que los cristianos tomen sus lugares como transformadores en posiciones de autoridad al igual que se servicio.

Las naciones no cambiarán sin que haya cristianos en esas naciones que se conviertan en importantes influencias en sus gobiernos. La voluntad de Dios no puede hacerse en la tierra como en el cielo sin que su pueblo sea una voz de rectitud que clame por leyes que liberen la justicia de Él. Cuando miramos a las pasadas páginas de la historia, es fácil ver la inmensa batalla que ha tenido lugar desde la Caída en el huerto de Edén por el control de nuestras naciones. Dios el Creador hace las reglas, pero Él ha puesto en nuestras manos la liberación de su rectitud en nombre de toda la creación. Cuando damos un paso atrás en ese papel y nos convertimos en la Iglesia que está aislada, no hay nadie que hable por la rectitud en las arenas públicas. El pecado trae corrupción, discriminación e injusticia a la tierra.

Sin embargo, los embajadores de Dios liberan rectitud, equidad y justicia. Los gobiernos necesitan oficiales electos que legislen en nombre de la bondad de Dios, o finalmente se derrumbarán. En cada generación, uno puede ver la unción de Dios sobre líderes que tienen la valentía de levantarse como voces de rectitud para luchar contra la injusticia, el racismo, la pobreza, la corrupción, el aborto y otros males sociales. Uno de tales guerreros de rectitud fue un joven llamado William Wilberforce. Dios está buscando hombres y mujeres como él para ser la voz de Él en su generación.

William Wilberforce y amigos

Dudo que alguien hubiera visto un león de reforma gubernamental en el futuro del joven William Wilberforce. Su padre murió cuando él tenía nueve años de edad; sufrió una mala salud y una mala visión toda su vida, y desde una edad muy temprana tuvo que llevar un corsé de hierro para mantener su espalda. Uno lo habría visto con mayor probabilidad como un candidato a permanecer en un asilo para inválidos que como un hombre de estado en el Parlamento, pero Dios no ve a las personas como las vemos nosotros.

Mediante sus dificultades, William aprendió la única cualidad que yo he descubierto que es una marca de los reformadores: la perseverancia. A veces pensamos que necesitamos una masiva cantidad de fe para funcionar como agentes de cambio; sin embargo, estoy convencida de que la fe viene a quienes son fieles. Aunque "el justo por la fe vivirá" fue el versículo fundamental de la Reforma de Lutero, para mí eso significa que "el justo vivirá por la *fidelidad*". Una gran fe se demuestra mejor por el simple acto de levantarnos de la cama cada mañana y obedecer a Dios sin importar lo que nuestros cuerpos sientan, con qué emociones estemos batallando, o lo que la gente esté diciendo de nosotros. Los grandes reformadores —Wilberforce entre ellos— siguieron adelante aun cuando fueron terriblemente tentados a tirar la toalla a veces. Una cosa que Wilberforce tenía a su favor era su voz y su educación. Era tanto elocuente como carismático.

Imagínese a usted mismo con veintiún años, entrando en el Congreso o el Parlamento como miembro electo. Eso es exactamente lo que Wilberforce hizo. Él fue el miembro más joven del Parlamento jamás elegido. Tanto su abuelo como su tío le incluyeron generosamente en sus testamentos. Dios tenía su mano en el momento adecuado de la transferencia de esa riqueza, porque el joven William la utilizó para ayudar a financiar su campaña para presentarse a las elecciones.

Mientras estudiaba en Cambridge, se hizo amigo de otro joven que estaba destinado a la grandeza, cuyo nombre era William Pitt. Pitt tenía solamente veinticuatro años cuando se convirtió en primer ministro del Reino Unido. Dios usaría la amistad de esos dos jóvenes para abolir el mercado de esclavos en las islas británicas, aunque a veces estuvieron en desacuerdo en otros asuntos. Uno podría decir que ellos eran un poco como David y Jonatán en la Biblia.

Wilberforce tuvo una profunda experiencia de conversión y creía que el cristianismo era la única base sobre la cual podría construirse la sociedad civilizada. Después de que Pitt llegara a primer ministro, se acercó a Wilberforce en una legendaria conversación debajo de un viejo árbol en el estado de Pitt, Holwood, hablando de su disposición a participar en la campaña parlamentaria para abolir la esclavitud. Pitt había instado a Wilberforce a leer una exposición sobre el mercado de esclavos, y cuando lo hizo, Wilberforce fue herido en lo profundo de su corazón por la inhumanidad del negocio. Wilberforce tenía solamente veintiocho años de edad en aquel tiempo, y aunque estuvo de acuerdo en proponer de inmediato una ley antiesclavitud, debido a la enfermedad no pudo introducirla hasta un año después. Sin embargo, la conversación había cambiado a Wilberforce para siempre. Después, como el propósito de su vida, él creía que Dios le había llamado a "dos grandes objetivos: la abolición del mercado de esclavos y la reforma de los modales".

Permítame que incluya aquí una nota personal: Nunca subestime el poder de los amigos y los mentores para inspirar a sus discípulos hacia un llamado en particular. Peter Wagner ha hecho eso por mí en varias ocasiones. A veces, una conversación con un amigo me ha inspirado personalmente a adoptar un papel en un proyecto que, de otro modo, nunca habría abordado.

Hay ocasiones en que Dios requiere que adoptemos una tarea de gran magnitud sin que tengamos idea de cuánto tiempo tomará o cuál será el costo. En grandes empresas de este tipo, donde el alma de una nación está en juego, puede necesitarse mucho más tiempo del que pensamos para lograrlas. La batalla de Wilberforce por la abolición de la esclavitud necesitaría más de cuatro décadas, con muchos reveses y unas cuantas victorias falsas a lo largo del camino. En 1789 él dio un conmovedor[1] discurso que estableció su posición como el líder del movimiento abolicionista en el Parlamento, pero cuando llegó el momento de votar sobre la resolución, más de la mitad de los miembros del Parlamento estaban ausentes, y la resolución no se aprobó. Una y otra vez, William tuvo ganas de tirar la toalla, pero cada vez Dios lo alentó a continuar su justa causa.

De hecho, la última carta escrita por John Wesley, en 1791, fue para Wilberforce, apoyando su campaña antiesclavitud. La siguiente es una parte de la carta que el famoso avivador escribió para alentar a Wilberforce:

A menos que Dios le haya levantado para esto mismo, se agotará usted por la oposición de hombres y demonios; *pero si Dios está con usted, ¿quién puede estar contra usted? ¿Son todos los hombres más fuertes que Dios?* Oh, no se canse de hacer el bien. Continúe, en el nombre de Dios y en el poder de su fuerza, hasta que la esclavitud en Estados Unidos, la más vil jamás vista bajo el sol, se desvanezca delante de ella. Que Él, que le ha guiado desde su juventud, continúe fortaleciéndolo en esto y en todas las cosas es la oración de,

apreciado señor, su afectuoso siervo:
John Wesley (24 de febrero de 1791)[2]

La carta habla a todos los reformadores de todas las épocas para darles esperanza y fortaleza para la batalla contra la injusticia.

Estar juntos para cumplir la misión de Dios

Wilberforce tuvo otros aliados en su batalla con respecto a la abolición de la esclavitud. Un grupo de líderes que eran guerreros de la causa se trasladaron a una zona de Londres llamada Clapham y formaron una comunidad a la que con frecuencia nos referimos como el Grupo de Clapham. Aunque no todos los que participaban en el movimiento eran miembros del Parlamento o vivían en la comunidad, había un grupo central en que las personas vivían cerca unas de otras y asistían a la iglesia en la parroquia pastoreada por John Venn, la cual se convertiría en una de las parroquias más influyentes en Inglaterra. En su libro, *The Wilberforce Connection* (La conexión Wilberforce), Clifford Hill cita a Michael Hennen:

Nunca los miembros de una congregación han influenciado tanto la historia del mundo. El efecto de sus oraciones y de sus actos no solo alteró profundamente la vida religiosa y social de este país (refiriéndose a Inglaterra), sino que también se sintió en África, en las Indias Occidentales, en India y en Australasia.[3]

John Venn mismo fue un revolucionario siendo rector. Ayudó a comenzar escuelas para los pobres e insistió en que toda su parroquia tuviera inoculaciones para la viruela. Cuando era niño era bastante tímido. (Con frecuencia vemos a los pequeños en nuestra sociedad según una limitación, como la timidez o ser enfermizos; sin embargo, Dios no ve a los niños según sus desafíos físicos o debilidades, ¡sino como grandes reformadores en formación!).

En un fascinante tejido social, los miembros del Grupo Clapham demostraron ser transformadores del mundo en convicción y en hechos. Su decisión de vivir en cercana proximidad les ayudó a trabajar y a orar juntos para influenciar en la transformación de su nación y ver la abolición del mercado de esclavos en el Imperio Británico (en 1807), y finalmente la emancipación de todos los esclavos británicos (tal como sucedió, justamente tres días antes de la muerte de Wilberforce en 1833); sin mencionar el hecho de que realmente disfrutaban de la compañía mutua. Ellos tenían un pacto no solo en misión sino también en su amor los unos por los otros y por cada una de sus familias.

Life and Letters of Zachary Macaulay (La vida y las cartas de Zachary Macaulay), de Lady Knutsford, nos da una vislumbre de las vidas del grupo:

Considerando a cada miembro como parte de una unidad familiar mayor, conduciéndose los unos hacia los otros como miembros de tal familia, trataban las casas los unos de los otros como si fueran sus propias casas, tomando con ellas, como de modo automático, a sus esposas e hijos; estaban juntos en las vacaciones, y mientras estaban en Londres se organizaban para reunirse a desayunar o a almorzar para hablar de sus muchos intereses comunes. El peso del negocio continuo era aligerado y alegrado al compartirlo con compañeros congeniales.[4]

Mientras escribo esto estoy pensando en algunos de mis buenos amigos y en nuestras relaciones. En un momento, algunas de mis amigas y yo nos reímos y nos probamos zapatos, y al siguiente puede que estemos planeando una reunión de oración para cambiar una nación. ¡Qué diversión! Esto me recuerda la primera pregunta del Catecismo Menor de Westminster (1648), que comienza:

¿Cuál es el fin principal del hombre?

La respuesta:

El fin principal del hombre es glorificar a Dios (ver Salmo 86), y disfrutar de Él para siempre (ver Salmo 16:5–11). (Ver también Salmo 73:25–28).

Espero que esto no ofenda a nadie, pero uno de mis lemas en la vida como mentora de jóvenes líderes es: "¡Trabaja mucho! ¡Juega mucho!" (este consejo debería mezclarse con liberalidad). Hemos de disfrutar de Dios y de la compañía mutua en el trabajo y en la diversión.

Había 112 miembros del Parlamento en el Grupo Clapham; desde luego, no todos ellos vivían en la comunidad. Había un círculo íntimo de unos treinta a los que se denominaba "los santos de Clapham" y que tenían una mayor lealtad a los principios bíblicos que a sus afiliaciones al partido. Aquellos santos se reunían en la casa John Thornton, donde buscaban dirección del Señor mediante la adoración y la oración.

Además, el Grupo Clapham tenía miembros con profesiones en la banca y el derecho, otros hacían investigación, y otros eran líderes de iglesias. Pero todos ellos trabajaban juntos para reformar la nación. ¡Notemos la mezcla de ministros en la iglesia y en el mundo laboral! ¡Se necesitó un equipo para producir el cambio! Una influencia clave del Grupo Clapham fue un rector anglicano llamado John Newton. Newton en un tiempo había sido capitán de un barco de esclavos. Después de que Newton regresara de los mares a Inglaterra, conoció a Cristo y llegó a participar en el movimiento antiesclavitud, hasta dando evidencia en contra de él ante el tribunal Privy (algo parecido a testificar delante de un comité del Congreso en los Estados Unidos). Al principio en la carrera de Wilberforce, John Newton lo alentó a continuar con el llamado a derrocar la esclavitud. Newton es más recordado como compositor de himnos, siendo su himno más famoso "Amazing Grace". Todos necesitamos pastores que sean voces en nuestros destinos.

Debemos ver una mezcla de unciones hoy día provenientes de todos los sectores de la sociedad para derrocar la maldad y la corrupción en nuestras naciones. Ningún solo sector de la sociedad puede discipular y enseñar a su nación y ser un reformador por sí mismo. Si Mateo 28:19–20 ha de llevarse a un nivel práctico, debemos formar nuevos grupos que se reúnan en las filas del ministerio en el púlpito, el gobierno y el mundo laboral (recuerde que cualquier cosa a la que Dios nos llame en la vida es nuestro ministerio) para cambiar nuestras naciones y luchar contra la injusticia en cada área y en cada nivel.

Uno de los mayores éxitos del Grupo Clapham fue el uso de la página impresa para lanzar una conciencia moral a la nación (¡como es mi oración que haga este libro!). Hannah More, una importante escritora y educadora —y por lo que sé, la única mujer visible en liderazgo en el grupo— escribió tratados, comenzando en 1795, que llegaron a ser famosos y conocidos como *Cheap Repository Tracts*. Otro miembro de Clapham, Henry Thornton, financió la publicación de ellos, y se vendieron dos millones de copias durante una época ¡en que había solamente ocho millones de personas en toda la nación![5]

Yo creo que lo que hicieron aquellos reformadores, trabajando hacia el establecimiento de un gobierno justo, fue aquello de lo que habla la Biblia cuando dice que debemos ser sal, luz, y una ciudad asentado sobre un monte:

Vosotros sois *la sal de la tierra*; pero si la sal se desvaneciere, ¿con qué será salada? No sirve más para nada, sino para ser echada fuera y hollada por los hombres. Vosotros sois *la luz del mundo*; *una ciudad asentada sobre un monte* no se puede esconder. Ni se enciende una luz y se pone debajo de un almud, sino sobre el candelero, y alumbra a todos los que están en casa. Así alumbre vuestra luz delante de los hombres, para que vean vuestras buenas obras, y glorifiquen a vuestro Padre que está en los cielos.

Mateo 5:13–16

Gobierno constitucional

Mateo 5 podría ser considerado parte del preámbulo constitucional para sus seguidores. Somos llamados a ser una voz colectiva de influencia. Eso significa votar en elecciones democráticas, ocupar lugares de liderazgo en nuestras comunidades, y defender la rectitud sin importar cuál sea nuestro puesto u ocupación. Dondequiera que estemos como cristianos, nuestra luz debería dispersar la oscuridad. Es importante saber que la Biblia tiene patrones para la adecuada formación de gobierno. Por eso no solo debemos leer Isaías 9:6–7, que habla acerca del aumento del gobierno de Dios en la tierra, sino también de ser una parte para que eso ocurra.

Porque un niño nos es nacido, hijo nos es dado, y el principado sobre su hombro; y se llamará su nombre Admirable, Consejero, Dios Fuerte, Padre Eterno, Príncipe de Paz. Lo dilatado de su imperio y la paz no tendrán límite, sobre el trono de David y sobre su reino, disponiéndolo y confirmándolo en juicio y en justicia desde ahora y para siempre. El celo de Jehová de los ejércitos hará esto.

Isaías 9:6–7

Los siguientes son unas de los fundamentos básicos del gobierno que se encuentran en la Biblia:

Gobierno representativo

Uno de los primeros planes que Dios dio a Moisés después de salir de Egipto fue cómo establecer un gobierno representativo:

> Dadme de entre vosotros, de vuestras tribus, varones sabios y entendidos y expertos, para que yo los ponga por vuestros jefes… Y tomé a los principales de vuestras tribus, varones sabios y expertos, y los puse por jefes sobre vosotros, jefes de millares, de centenas, de cincuenta y de diez, y gobernadores de vuestras tribus.
>
> Deuteronomio 1:13, 15

Ya que las tribus ya habían escogido líderes, Dios dio a Moisés el sistema perfecto en una sociedad tribal para gobernar.

SISTEMA JUDICIAL

Moisés, bajo la guía de Dios, procedió entonces a establecer un sistema judicial para la nación santa:

> Y entonces mandé a vuestros jueces, diciendo: Oíd entre vuestros hermanos, y juzgad justamente entre el hombre y su hermano, y el extranjero. No hagáis distinción de persona en el juicio; así al pequeño como al grande oiréis; no tendréis temor de ninguno, porque el juicio es de Dios; y la causa que os fuere difícil, la traeréis a mí, y yo la oiré.
>
> Deuteronomio 1:16–17

SEPARACIÓN DE PODERES

Tres ramas de función gubernamental se derivan de Isaías 33:22:

> Porque Jehová es nuestro juez, Jehová es nuestro legislador, Jehová es nuestro Rey; él mismo nos salvará.
>
> Isaías 33:22

En los Estados Unidos esas tres ramas son: ejecutivo, legislativo y judicial. Otras naciones, como el Reino Unido, Canadá y Australia, tienen esta separación de poderes bajo un sistema monárquico, el cual tiene parlamentarios y primeros ministros. Esta separación de poderes es crucial debido a un elemento principal: como seres humanos somos criaturas pecadoras y necesitamos supervisiones y balances.

La Biblia es el patrón

La Biblia es el patrón para el gobierno en la tierra. John Wycliffe, en 1382, dijo de su nueva traducción de la Biblia al inglés: "Esta Biblia es para el gobierno del pueblo, para el pueblo, y por el pueblo".[6]

La traducción e impresión de la Biblia en el idioma del pueblo fue uno de los principales catalizadores para la reforma. Cuando las personas comenzaron a entender la voluntad de Dios en la sociedad, comenzaron a ver su nación con los lentes de la Escritura y a medirla de acuerdo a ese estándar.

Nunca podemos permitirnos pasar por alto la importancia de la Escritura. Uno no solamente debe aprender a leer la Palabra de Dios, sino también a leer el mundo de Dios mediante el filtro de su Palabra. Es nuestra responsabilidad cambiar cualquier cosa que no esté en línea con su voluntad en la tierra discipulando y enseñando a naciones la verdadera importancia de la ley y el gobierno de Dios.

Dios trabaja en gobierno comunitario

Los únicos sistemas gubernamentales que funcionan en la tierra son los que están basados en principios bíblicos. Dios es el Rey del universo; sin embargo, Él ha puesto en nuestras manos la capacidad de leer su Palabra y ponerla en práctica. También debemos entender la naturaleza de la humanidad desde la perspectiva de Dios y el engañoso poder de nuestra naturaleza de pecado. Los gobiernos deben tener mecanismos de equilibrio de poderes; de otro modo, la tentación de la corrupción y el amiguismo será demasiado para sus oficiales.

Dios trabaja en comunidad relacional en lugar de hacerlo con un gobierno autocrático. ¡Él hasta existe en comunidad en sí mismo como Padre, Hijo y Espíritu Santo! A medida que seamos sal y luz, transformaremos nuestras naciones en ciudades asentadas sobre un monte, y eso solo es posible si trabajamos juntos para establecer una voz de claridad moral en nuestras naciones al igual que hizo el Grupo Clapham en Inglaterra.

Dios manifiesta su bondad por medio de nosotros como sus embajadores en la tierra. El gobierno piadoso libera creatividad, belleza, gracia y paz. Los gobiernos malvados fundados en principios humanistas y marxistas solamente se vuelven cada vez más corruptos cuando no se miden según el estándar recto de la Escritura. Los efectos del pensamiento comunista limpiaron los hermosos colores de los edificios en Rusia y los sustituyó por monolitos monótonos y grises. Los efectos de un gobierno impío se describen poderosamente en Deuteronomio 30:15–18 (NVI):

> Hoy te doy a elegir entre la vida y la muerte, entre el bien y el mal. Hoy te ordeno que ames al SEÑOR tu Dios, que andes en sus caminos, y que *cumplas sus mandamientos, preceptos y leyes.* Así *vivirás y te multiplicarás…*
>
> Pero si tu corazón se rebela y no obedeces, sino que te desvías para adorar y servir a otros dioses, te advierto hoy que serás destruido sin remedio. No vivirás mucho tiempo en el territorio que vas a poseer luego de cruzar el Jordán.

Sin los valores de Dios y sus planes morales en nuestros cuerpos de gobierno, la corrupción y la discriminación se introducen mediante el mal uso del poder. El famoso dictamen de Lord John Dalberg-Acton se sigue aplicando actualmente: "El poder tiende a corromper, y el poder absoluto corrompe absolutamente".[7]

Patrones ideológicos

Es crítico para nosotros, como creyentes, ser estudiantes de la historia a fin de poder ver no solamente el gobierno de Dios en la tierra, sino también los patrones de pensamiento que han de ser rotos mediante la intercesión para sanar nuestras naciones. Echemos juntos una mirada a las páginas de la historia y examinemos la diferencia entre lo que sucedió en Inglaterra y Francia en el siglo XVIII.

A lo largo de su historia, Inglaterra fue afectada por la enseñanza de reformadores como Wycliffe, Wesley, Whitefield y Wilberforce, y el grupo Clapham, al igual que por la impresión y distribución de la Biblia King James, mientras que Francia no tuvo ninguna influencia tal. El poder de la Palabra escrita y el Gran Avivamiento que se produjo a principios de ese siglo salvaron a Inglaterra de una sangrienta revolución dentro de sus propias fronteras bajo el rastro de la que acababan de perder en Estados Unidos. Francia, sin embargo, se enfrentó a una de las revoluciones más sangrientas que Europa había visto jamás. La principal diferencia entre las dos naciones en aquella época era que una tenía una perspectiva bíblica y la de la otra estaba basada en los escritos de Jean-Jacques Rousseau de naturaleza versus sociedad.

Rousseau veía una división fundamental entre sociedad y naturaleza humana. Defendía que el hombre era bueno por instinto cuando vivía en un hábitat natural (el estado de todos los demás animales, y la condición de la humanidad antes de la creación de la civilización y la sociedad), pero se corrompió al vivir en sociedad con otros seres humanos. Él creía que fuimos originalmente amables "salvajes nobles", y la inequidad se metió en nuestra naturaleza cuando nos volvimos más desarrollados e interdependientes. Esta enseñanza de "el salvaje noble" —o que estaríamos sin pecado si viviéramos en un ambiente completamente natural— prevalece en el pensamiento de gran parte de la sociedad en la actualidad. Las personas creen que somos inherentemente buenos y que nacemos sin una naturaleza de pecado.

Rousseau sentía que los ricos y los poderosos dieron nacimiento al gobierno para "engañar" a la población general. Debido a eso, las sociedades humanas eran formas de asociación fraudulentas y manipuladoras desde el comienzo mismo, y las sociedades formadas por los ricos y los poderosos tenían que ser liberadas por la "política de la redención": la idea de que la política puede ser el medio no solo de crear un mundo mejor, sino también de transformar la naturaleza humana y crear "el nuevo hombre". No era que las personas necesitaran tener nuevos corazones para mostrar bondad y justicia, sino ser liberadas de la moral externa y las instituciones sociales como la familia, la comunidad y la iglesia. El estado intervendría y se encargaría de esas convenciones anticuadas y liberaría a sus ciudadanos a una nueva utopía política.

Así, él llamó a los reformadores a liberar a las personas de las cadenas de las instituciones, las leyes, las costumbres y las tradiciones. No dio principios morales sobre cómo lograr esa liberación o gobernar las ambiciones del estado al "liberar a sus poblaciones" de las instituciones de la sociedad. Así, los líderes que aceptaron esta filosofía fueron algunos de los mayores déspotas de la historia de la humanidad: Robespierre, Marx, Lenin, Hitler y Mao.[8]

Este tipo de "doctrina social" o "teoría social" es aterrador y ha producido su fruto en las más sangrientas de las revoluciones, como las de Francia, Cambodia, Rusia y Corea.[9] En este tipo de pensamiento el fin justifica los medios. La sociedad y la moral existente deben ser apartadas a toda costa, y puede utilizarse cualquier medio para hacerlo. Las revoluciones marxistas encuentran sus comienzos precisamente en este pensamiento. Sin el gobierno de Dios, el Legislador último y Creador, el mundo se desenreda en tiranía y asesinato masivo.

El "relativismo ético radical" de Rousseau

Mezcle la filosofía de Rousseau con el darwinismo y el humanismo, añada algunas ideologías comunistas, y obtendrá un "relativismo ético radical" que es un potente cóctel en el pensamiento y la práctica revolucionaria. Rousseau es considerado por algunos como el primer escritor que atacó la institución de la propiedad privada y, así, un precursor del pensamiento comunista. Según Rousseau, el Estado tenía la responsabilidad sobre la voluntad de la mayoría para ocuparse de que la justicia, la igualdad y la libertad para todos se obtuvieran a pesar de las medidas requeridas para alcanzar su "ideal".

Los escritos de Rousseau afectaron al pensamiento de hombres como Hitler en cuanto al modo en que él veía a quienes consideraba "inadecuados" para su perfecto mundo ariano. Hay un elemento en los escritos de Rousseau sobre la educación que da a entender que solamente los niños sanos deberían ser enseñados, en contraposición con lo que él denominaba "los inválidos inútiles". Su filosofía ayudó a moldear el pensamiento del gobierno de la Alemania nazi y su programa "T-4" para aplicar la eutanasia a quienes ellos consideraban indignos en la sociedad. Era así el siguiente paso lógico en la eugenesia, un concepto ampliamente aceptado hasta por grandes líderes "morales" como Theodore Roosevelt y Winston Churchill.[10] Eso demuestra lo aterradora que puede ser la mezcla de las ideologías de Rousseau, el darwinismo, el humanismo y la ciencia politizada; en gran medida la misma mezcla que está cegando a la gente a la maldad y el holocausto que el aborto es en la actualidad.

Desde luego, esto solamente puede suceder cuando la forma de gobierno moral de Dios —el Creador que da la vida y la valora en cualquier forma que pueda adoptar— es ignorada y olvidada. Para Dios, no hay ni un solo niño vivo sobre el planeta tierra actualmente que sea considerado "indigno". Dios Padre ama a cada uno de ellos, y tiene un propósito especial para su vida; es algo parecido a diabólico tratar de matarlos y no dejar que sean la bendición para el mundo que Dios quiso que fueran.

Cuando escribo esta parte, estoy pensando en mi propia sobrina, Reese Marie Riethmiller, la hija de mi hermana y mi cuñado. Los médicos le diagnosticaron cuando nació que estaba en el espectro autista y que apenas sería funcional. Sin embargo, después de oraciones y de terapia, ella pudo ser bastante funcional, habla, y pudo ir a la escuela por sí misma y sacar estupendas notas. Reese ahora vive en Minnesota, donde asiste a una clase normal. Sabemos que la Alemania nazi habría querido acabar con su vida, pero esa no es la moral de nuestra nación.

Abraham Kuyper—el estándar holandés

La Revolución Francesa —realizada con valores de Rousseau— fue sangrienta, dejó a la nación destruida, e infectaría Europa como la Plaga Negra hasta bien entrado el siglo XIX. Una revolución sin Dios es ciertamente algo aterrador; sin embargo, Dios ya había preparado a un hombre en Holanda llamado Abraham Kuyper para el siglo siguiente para ser un precursor de la justicia contra este bastión de revolución.

Para la mentalidad estadounidense, la revolución es algo bueno. Sin embargo, justamente después de la Revolución Francesa la necesidad que había en Europa era de antirevolucionarios, o quienes se opusieran a los valores introducidos por Rousseau. Es consolador ver cómo en medio del caos y la incertidumbre, Dios siempre levanta su estándar cuando el enemigo viene como un río (ver Isaías 59:19), y en el caso de Kuyper, *El estándar* fue literal. Abraham Kuyper (1837–1920) era calvinista y ministro de la Iglesia reformada. En todos los sentidos él era justamente eso: un predicador de la reforma y una voz profética en su generación. A fin de proteger la fe y la cultura de su pueblo, él habló con valentía contra el pensamiento introducido por medio de Rousseau y de la Revolución Francesa que amenazaba todo lo que tocaba. A diferencia de otros a quienes Dios usó como una voz desde el púlpito, el Espíritu Santo guió a Kuyper a participar en la transformación social mediante varias prácticas de reforma.

Por una parte, él comenzó un periódico, en el año 1872, llamado *De Standaard* (*El estándar*). Su lema para reunir a sus tropas fue: "Pelea la buena batalla de la fe", el cual utilizó desde su púlpito público durante casi cincuenta años. *El estándar* fue el instrumento de Kuyper para moldear la opinión pública, y lo hizo escribiendo editoriales que establecían el debate público, el cual podía tener lugar en la prensa al igual que en el Parlamento. También se convirtió en su herramienta para expresar la plataforma de partido para el Partido Antirevolucionario (ARP) que él formó. El ARP se convirtió en la voz de la justicia y trazó una línea en la arena para proteger Holanda de sufrir la misma violenta e impía revolución que Francia experimentó.

Abraham Kuyper fue profundamente afectado por su héroe, Juan Calvino, quien como joven reformador ayudó a construir un gobierno en la ciudad de Geneva, Suiza. A la edad de veinticinco años, Calvino ya había sido encarcelado poco después de reunirse con su primo Robert Olivetan y Jacques Lefevre, que eran traductores de la Biblia.[11] Durante su carrera, Calvino ayudó a bosquejar una constitución para la ciudad. Aunque nunca ocupó un puesto público, ayudó a reformar la infraestructura y la economía de la ciudad. Se establecieron estructuras sociales como hospitales, sistemas de alcantarillado y educación para todas las clases sociales. Él organizó que toda familia en la ciudad recibiera la visita de un ministro una vez al año, además de que los enfermos y los pobres fueran atendidos regularmente y que todos los que estuvieran en hospitales recibieran visitas.[12]

Aunque esta sociedad teísta no perduró debido a los errores en cuanto a cómo se ejecutó (yo definitivamente no apoyo todos los métodos de Calvino), siguió estando a años luz por delante de su época en cuanto a pensamiento y práctica.

La necesidad de un periodismo piadoso

Particularmente en época de elecciones, *El estándar* estaba lleno de breves editoriales o "líderes", instando, advirtiendo y alentando a los fieles al partido en los distintos distritos electorales a permanecer en curso y mantener sus convicciones. El *Bildungsdrang* de Kuyper (deseo de educación) se convirtió en un impulso central para convertir a sus seguidores en ciudadanos competentes en un sistema político dentro del cual, antes de su tiempo, no habían desempeñado ningún papel.[13]

Yo creo que hemos de ver la rectitud y la justicia unidas en el pensamiento y el corazón de las naciones, entonces debemos ver a periodistas escribir y a periódicos imprimir plataformas de reforma para que el público general las lea. Probablemente haya periódicos conservadores en la actualidad, pero son pocos y están alejados entre ellos. Los periódicos que yo conozco están tan infectados de sentimientos anticristianos que son solamente máquinas de propaganda contra el Reino de Dios. ¡Necesitamos que quienes son llamados como editores de periódicos publiquen las buenas nuevas!

En resumen, Kuyper, según mi opinión, fue un apóstol para su época. De hecho, él más adelante estableció una universidad y finalmente llegó a ser primer ministro. Él sigue siendo una voz que nos habla hoy mediante sus "Stone Lectures at Princeton" (Conferencias fundamentales en Princeton), de 1898, que nos recuerdan que no fueron los filósofos de la Revolución Francesa quienes introdujeron por vez primera la idea de que las poblaciones en general tuvieran el derecho a ser libres. Esta idea "no fue pescada en las aguas impuras de la Revolución Francesa, sino robadas por los Rousseau y los Montesquieu de la corona de mártir de los hugonotes".[14]

Trazar una línea en la arena

A través de las generaciones, vemos a aquellos que, como Kuyper, han trazado "una línea en la arena" contra la injusticia, pero a fin de entender realmente dónde está nuestro mundo hoy día y conocer lo que necesita arreglarse para poner el gobierno sobre el hombro del Príncipe de paz (ver Isaías 9:6–7), hay otras dos ideologías que necesitamos ver: el utopianismo y el comunismo. Podría usted preguntarse: "¿Qué tienen que ver cualquiera de ellas conmigo?". El pueblo en la Rusia zarista podría haberse preguntado lo mismo antes de la Revolución Comunista en 1917.

Al igual que Dios tiene un plan para esta tierra, el enemigo del Reino de Dios también lo tiene; él trabaja para reorganizar las estructuras ideológicas en naciones y continentes para eliminar a Dios de la sociedad, e introducir sus malvados planes en la sociedad. Hay un interesante pasaje bíblico que habla de esto:

> Y hablará palabras contra el Altísimo, y a los santos del Altísimo quebrantará (algunas traducciones dicen "agotará"), y pensará en *cambiar los tiempos y la ley*.
>
> Daniel 7:25

Satanás quiere destruirnos mediante la falta de conocimiento (ver Oseas 4:6); no quiere que nadie sepa de su maquinación global para reorganizar las estructuras gubernamentales a fin de poder establecer su "reino sobre la tierra". ¡La complacencia y la ignorancia son dos de sus principales herramientas! Por esto estoy escribiendo sobre Rousseau, el utopianismo y similares, para avivarlo a usted, equiparlo, y enviarlo a la sociedad como un reformador en el sentido de Mateo 6:10: la voluntad de Dios en la tierra como es en el cielo.

Por tanto, es importante que entendamos estas dos ideologías a medida que aprendemos a orar y a actuar para cambiar nuestras naciones.

UTOPISMO

El *utopismo* es la creencia en que el hombre es inherentemente bueno y que dadas las condiciones correctas, el bien emergerá de manera que produzca una sociedad perfecta. Este tema es humanista en su núcleo, y fue una de las premisas básicas de la así denominada Era de la Ilustración.

Se deduciría, entonces, que si el hombre no es pecador, hay solamente ciertas estructuras que necesitan ponerse en su lugar para que la sociedad sea perfecta: para que la pobreza sea eliminada, para que la enfermedad prácticamente se detenga, para que los servicios sociales se proporcionen con eficacia, etc. Una vez más, esto está basado en las filosofías de Rousseau sobre la bondad natural de la humanidad y el papel del gobierno para pretender su "bien" sobre el pueblo como considere necesario.

De nuevo, esto sencillamente no funciona porque nosotros, como seres humanos, somos pecadores de corazón. Por eso necesitamos un Salvador y un libro de leyes escrito por el Creador para guiarnos en nuestras sociedades.

KARL MARX Y EL COMUNISMO

El *comunismo*, en su núcleo, es utopismo. Karl Marx y Friedrich Engels pensaban que podrían crear el cielo en la tierra mediante su *Manifiesto Comunista*. Ellos fueron revolucionarios que creían que cualquier medio para lograr el fin de alcanzar un Estado comunista era correcto y bueno. Ellos podrían haber sido quienes originaron la frase "el fin justifica los medios".

Karl Marx era alemán, nacido de padres judíos. Él inicialmente había pensado en ser clérigo luterano, y hasta asistió a la escuela para prepararse para el ministerio; terminó estudiando Derecho en París, donde conoció a Engels. Ellos creían que una utopía del nuevo hombre comunista surgiría como respuesta a todos los males, y que un día toda nación sería comunista.

El *Manifiesto Comunista* fue escrito en el año 1848 en Londres, donde Marx está enterrado. Llamaba a la disolución de la "burguesía" a favor de los "proletarios" o personas de la clase trabajadora. En el corazón de esta filosofía gubernamental está la abolición de la propiedad privada al igual que de la familia; toda educación en el hogar debía cesar a favor del adoctrinamiento social. Las ideas de familia, matrimonio y Dios se eliminarían por completo a favor del amor libre. ¡El comunismo era ateo hasta la médula!

Nikolai Lenin adoptó la causa en Rusia, y se calcula que setenta millones de personas murieron como resultado de la influencia de las ideologías comunistas. Cientos de miles de iglesias fueron derribadas o profanadas. Solzhenitsyn resume la razón de esos temerosos desarrollos: "Los hombres han olvidado a Dios".[15]

A pesar de la caída de la USSR, el comunismo sigue siendo muy activo por todo el mundo actualmente. Aunque ha caído en muchas naciones, sigue estando muy vivo en América Latina, China, Corea del Norte, y otras naciones.

Se buscan: ¡reformadores!

Dios sigue buscando otros Abraham Kuyper y William Wilberforce. La Iglesia, el mundo laboral y los líderes gubernamentales deben hacer alianzas para detener la marea de la impiedad y la maldad y hacer regresar a nuestras naciones a la santidad y los patrones bíblicos.

Estoy convencida de que el pueblo de Dios debe mirar a su alrededor y reconocer a quienes son llamados como reformadores para presentarse a puestos públicos y ser quienes establezcan la política. Necesitamos preguntarnos: "¿Dónde están los Wilberforce de la actualidad?; y más penetrante: "¿Estoy yo dispuesto a convertirme en uno de ellos?".[16]

Capítulo Ocho

Revertir la maldición de génesis: Economía bíblica

El vaso relucía en la oscurecida luz. Yo miraba la vieja y desgastada vestidura de San Francisco de Asís mientras estaba en una iglesia en Florencia, Italia. Busqué en mi memoria para recordar lo que sabía de su vida: "Él cambió la cara de la Iglesia en todo el mundo —musité— con su entrega sacrificial. Luchó también contra la corrupción y el exceso". Entonces tuve una asombrosa revelación. En medio de todas las cosas buenas que él hizo, como renunciar a toda su riqueza personal (hasta librarse por completo de todas sus pertenencias terrenales; ¡hasta la túnica que llevaba a la espalda!), algo más entró en la mentalidad de la Iglesia mediante sus enseñanzas: *la igualdad entre pobreza y espiritualidad* (en otras palabras, cuanto más espiritual es uno, menos dinero tendrá a su disposición).

Aunque San Francisco hizo algunas cosas estupendas, hemos llevado demasiado lejos esta parte de su misión, en lo que se ha convertido en una fórmula espiritual en la iglesia en la actualidad. Hemos llegado a creer que tener riqueza es malo, cuando, de hecho, lo que hace que sea justa o injusta es el modo de obtenerla y lo que se hace con ella. Como resultado, la perspectiva financiera general en muchas iglesias actualmente es: *pobreza es igual a espiritualidad y, por tanto, la riqueza es pecado*.

Recuerdo que esto afectó a mi familia, no porque creyéramos eso, sino porque los miembros de nuestra iglesia lo creían. Por tanto, ellos pagaban a mi papá (que era el pastor) un pequeño salario y hasta lo criticaron mucho cuando compró un auto de segunda mano ligeramente bonito que terminó vendiendo. Éramos pobres. En los Estados

Unidos algunas congregaciones dirían burlonamente de sus pastores: "nosotros los mantenemos pobres, y Dios los mantiene humildes". Lo que nos sucedió a nosotros se parecía más a humillación que a humildad, y ciertamente no se sentía como algo espiritual. (¡Los perdono, Dios! Quizá haya algunos otros pastores o hijos de pastores que querrían unirse a mí en esa oración).

Romper viejas mentalidades

Ahora entiendo que fuimos víctimas de la mentalidad de que pobreza es igual a espiritualidad, porque los miembros de nuestra iglesia de algún modo habían heredado ese prejuicio cultural. Sin embargo, la Palabra de Dios dice que es *el amor al dinero* (ver 1 Timoteo 6:10) lo que es pecado, y no *ser el administrador de las riquezas* (ver 1 Timoteo 6:17–19).

A menos que cambiemos nuestra perspectiva sobre el dinero según la postura bíblica, nunca podremos administrar adecuadamente la tierra. Se necesitan riqueza e influencia para hacer eso como nación santa que establece el Reino y la voluntad de Dios en la tierra; no solo de modo individual sino también colectivo.

Para entender verdaderamente cómo deberíamos ver la tierra, necesitamos regresar al huerto de Edén. Necesitamos comprender que el plan original de Dios fue ponernos en el huerto para administrarlo. En aquel tiempo no era difícil cuidar del huerto; sin embargo, después de la caída de Adán y Eva, toda la humanidad fue exiliada de ese perfecto modo de vida. Pero nuestro papel en la tierra nunca cambió; seguimos siendo llamados a administrarla, aunque ahora tengamos que tratar con una tierra que está maldita debido al pecado. En otras palabras, aún tenemos el mismo mandato bíblico que tenían Adán y Eva. Somos llamados a llevar a la tierra de regreso a su estado de productividad original. La tierra está maldita, pero la maldición puede ser revertida al entender nuestro pacto con Dios. Una vez más este llamado se expresa en Mateo 6:10:

> Venga tu reino.
> Hágase tu voluntad,
> *como en el cielo, así también en la tierra.*

¿Cuál es la maldición que necesitamos revertir? Se encuentra en Génesis 3:17–19:

> Y al hombre dijo: Por cuanto obedeciste a la voz de tu mujer, y comiste del árbol de que te mandé diciendo: No comerás de él; maldita será la tierra por tu causa; con dolor comerás de ella todos los días de tu vida. Espinos y cardos te producirá, y comerás plantas del campo. Con el sudor de tu rostro comerás el pan hasta que vuelvas a la tierra, porque de ella fuiste tomado; pues polvo eres, y al polvo volverás.

(Debo admitir que he pensado sobre esta maldición mientras quitaba diligentemente malas hierbas en mi jardín. Me pregunto si las rosas tenían espinas antes de la maldición... ¡Acabo de notar que tengo una en mi dedo por podar mis rosas!).

Estos dos pasajes nos conducen a nuestro papel como intercesores de la reforma, del cual hablaré y explicaré en el capítulo siguiente. Es bueno saber que han maneras de orar para redimir la tierra de esta maldición.

Escasez—los efectos de la maldición

Esta maldición produjo algo que es un principio básico que gobierna el estudio de la economía en la actualidad: la escasez. Según *Dictionary.com*, escasez significa "insuficiencia o falta de provisión, muerte".

Cuando Jesús vino para revertir la maldición de la Caída, no solamente pagó el precio de nuestro pecado, sino que, según Gálatas 3:13–14, rompió la maldición y sus efectos: escasez, carencia y falta.

> Cristo nos redimió de la maldición de la ley, hecho por nosotros maldición (porque está escrito: Maldito todo el que es colgado en un madero, para que en Cristo Jesús la bendición de Abraham alcanzase a los gentiles, a fin de que por la fe recibiésemos la promesa del Espíritu.

Por medio de la cruz, fuimos injertados en la vid y recibimos las mismas bendiciones —o maldiciones— entre las que se dio a elegir a Israel en Deuteronomio 28.

Recordemos de nuevo que Dios amó de tal manera al mundo que dio a su Hijo para salvar al mundo al igual que vidas individuales (ver Juan 3:16). ¡Él ama a toda la creación! La tierra, el cielo, la esfera invisible, todas sus criaturas creadas, y en especial la corona de su creación: la humanidad. Él quiere que regresemos al mandato de Génesis 1:28 que Él nos dio de multiplicarnos, llenar la tierra, someterla y tener dominio sobre ella.

Y los bendijo Dios, y les dijo: Fructificad y multiplicaos; llenad la tierra, y sojuzgadla, y señoread en los peces del mar, en las aves de los cielos, y en todas las bestias que se mueven sobre la tierra.

En otras palabras, Dios nunca cambió de opinión; tenemos el mismo mandato que tenían Adán y Eva. Según Génesis 1:28, deberíamos hacer las siguientes cosas como administradores de la tierra:

1. Ser fructíferos y multiplicarnos: "ser o llegar a ser grandes... agrandar, aumentar".[1]
2. Llenar la tierra: "llenar, ser completo... consagrar".[2]
3. Sojuzgar: "someter, subyugar; ... hacer sumiso",[3] "atar".[4]
4. Tener dominio: "gobernar, subyugar".[5]

Después de ver el pasaje en el contexto original, ¿podemos decir con sinceridad que hemos hecho lo que se nos ha mandado hacer?

También es importante que nos hagamos una interesante pregunta: ¿Por qué mandó Dios a Adán y Eva hacer esas cosas en un mundo perfecto? Yo creo que se debe a que Él sabía que el pecado entraría en toda esa perfección, y los seres humanos necesitaban instrucciones sobre qué hacer después de que eso sucediera.

Según el comentario en la Biblia de estudio Nelson:

La palabra someter significa "llevar a esclavitud", un término militar utilizado en la conquista de enemigos (Zacarías 9:15).

Al igual que un rey va a la guerra para conquistar un territorio, así el gran Rey les dice a los seres humanos que sometan la tierra y la gobiernen. ¿Por qué esta gran necesidad? *La tierra abandonada a su suerte no seguiría bien. Necesitaría que actuásemos como "gerentes" que tienen la autoridad de dirigir todo tal como Dios planeó. Este mandato se aplica igualmente a hombres y mujeres.*[6]

Eso tiene aún más sentido en el contexto de Colosenses 1:19–20, pasaje en el que Dios afirma que *todas* las cosas fueron reconciliadas por el sacrificio de Jesús en la cruz, ya sean las cosas en la tierra o las cosas en el cielo.

¿Cómo revierto yo la maldición?

Acerca de este punto, podría usted preguntarse: "Muy bien, Cindy, ¿qué tiene que ver esto conmigo?". Si es usted un creyente nacido de nuevo, por medio de convertirse en un seguidor de Cristo, ha sido usted restaurado al mandato original dado en el huerto de Edén. Es usted llamado a ver venir su Reino y su voluntad hecha en la tierra. Esto implica cada estructura de la sociedad, el pensamiento de individuos y naciones, hasta el más pequeño de los niños, toda ley, todo oficial del gobierno elegido según un diseño bíblico, y toda estructura económica según la huella de Dios: la Palabra de Dios inspirada por el Espíritu Santo. En otras palabras, usted tiene el poder y la unción para ser un agente de cambio para revertir la maldición de la escasez, la pobreza, la carencia, la corrupción, el humanismo, la enfermedad, y cualquier otra cosa que haya resultado de la maldición. No volverá a ser perfecto hasta que Jesús regrese porque el pecado aún se produce en la actualidad, pero debemos ser administradores hasta entonces, cuidando todas las cosas según el poder que Dios ha puesto en cada uno de nosotros que estamos en Cristo.

¡Este es un llamado absolutamente increíble! Comienza con una madre en su casa criando a sus hijos, la educación de esos pequeños, todo el camino hasta la formación de las generaciones en todo sector de la sociedad. Debemos aprender no solamente a leer la Palabra de Dios, sino también a leer el mundo de Dios a la luz de su Palabra. La Palabra de Dios nos da una perspectiva de rayos X de lo que debe ser corregido y mantenido en la tierra.

Cuando vivíamos en Colorado Springs, Colorado, mi esposo Mike (que, a propósito, es quien tiene más cerebro en la familia), comenzó a enseñar sobre sistemas económicos alternativos. Un sistema económico alternativo es uno basado en otra cosa distinta al papel dinero, o el *sistema fiat* (un sistema por el cual se usa algún tipo de "billete" u objeto para representar valor y está respaldado por un gobierno o un banco, aunque el artefacto representativo —papel dinero, por ejemplo— no tenga valor inherente por sí solo). Esto está en contraste con un sistema basado en un producto real como el oro, la plata, el grano o los diamantes. Sus enseñanzas me condujeron a explorar la Biblia —el manual del Fabricante— para ver lo que el Creador instituyó en su estructura económica. Aunque esto sigue estando en estado de formación en mí, hay principios básicos que pueden establecerse.

Nuestro término *economía* proviene de la palabra griega *oikonomia* o "administración de la casa".[7] Es, en esencia, la ciencia de administrar cosas que están en cantidad limitada o que pueden escasear. Según el libro de Tom Rose sobre la economía bíblica, la escasez para los economistas es un hecho reconocido con el que deben tratar. Considerando esto, él plantea la pregunta:

> ¿Puede la existencia de perspectiva espiritual por una parte, y la falta de ella, por otra, hacer que los economistas con la misma formación profesional lleguen a recomendaciones políticas opuestas?[8]

Desde luego, sabemos que la respuesta es sí. Nosotros, como cristianos, también sabemos que la escasez comenzó con la maldición de la pobreza que fue liberada por la Caída. Sin embargo, Jesús pagó el precio para redimirnos de la Caída, y así hemos sido liberados de la maldición de la *escasez* y llevados a *abundancia*. Abundancia es el antónimo (u opuesto) de escasez. Así, vivimos según un nuevo principio en Cristo:

Todo en nuestras vidas y en la sociedad que representamos debería producir abundancia cada vez mayor.

Somos llamados a ser *fructíferos*, se nos dice que "todo a nuestro alrededor se multiplicará"; somos ungidos para someter y tener dominio sobre todas las cosas que nos rodean. Eso es lo que significa heredar las bendiciones de Abraham. Hemos sido librados de la carencia y llevados a abundancia; de la tierra de la escasez a la tierra de la abundancia de Dios, un lugar donde siempre tendremos más que suficiente.

Economía inspirada por el Creador[9]

La escasez no es una mentalidad de todos los economistas; es la mentalidad de los economistas liberales keynesianos que son los principales consejeros de la izquierda política.[10] Esto unido a la mentalidad de que vivimos en un mundo finito donde "lo que ves es todo lo que hay". Si todos somos un accidente cósmico, debemos controlar lo poco que tenemos, ya que no hay manera de obtener más.

Así, toda la economía liberal se centra en el control y la intervención del gobierno al igual que en ver el mundo con los lentes de la escasez. Por ejemplo, la preocupación de finales de los años sesenta sobre que la tierra se estaba sobrepoblando (el libro de Paul Ehrlich, *The Population Bomb* [La bomba de la población], influenció mucho esa preocupación, de modo muy similar al modo en que la amenaza del "calentamiento global" nos preocupa en la actualidad). Esa mentalidad de escasez se centraba en la incapacidad de la tierra de sostener mucho más tiempo la población de la tierra en esa época (que rondaba los tres mil millones y medio de personas). Los problemas relacionados con la sobrepoblación se convirtieron en un punto importante en la mentalidad de la economía liberal. Así, es esencialmente su "obligación patriótica" reducir y/o controlar la población de la tierra (de ahí el aborto y el control de la natalidad, la política de China de tener un solo hijo, etc.). Eso es lo opuesto al mandato de Dios de "fructificad y multiplicaos" (Génesis 1:28).

Obviamente, a medida que el mundo se acerca a los siete mil millones de personas, sabemos que esa es una argumentación completamente errónea. Yo siempre he dicho: "Desafiaría a cualquiera a conducir desde Dallas a Amarillo y decirme que la tierra está sobrepoblada". Estadísticamente hablando, se podría dar a cada familia en la faz de la tierra medio acre de terreno, y todos podrían contenerse dentro del contienen de Estados Unidos (sobrando más de un millón de kilómetros cuadrados), dejando el resto del mundo para proporcionar recursos naturales, alimentos, etc.

Las nuevas escuelas de economía, como la economía de oferta y de libre mercado, funcionan básicamente desde una mentalidad de prosperidad y son mucho más bíblicas en su perspectiva. Se enfocan en el crecimiento y la prosperidad, y no en la escasez y las limitaciones. La economía de libre mercado dice que si se deja en paz a las personas, ellas por naturaleza harán lo que esté a favor de sus propios intereses para hacer crecer la economía, al igual que el agua fluye cuesta abajo. La prosperidad entonces afectará a todos los que estén dispuestos a trabajar por ella; muy distinto a la filosofía de cobrar impuestos a los ricos para pagar los programas gubernamentales y de asistencia social.

Mayordomía es un concepto muy diferente a *administrar la escasez*. Solamente veamos el modo en que José manejó los asuntos de Potifar, la cárcel donde lo metieron, y luego la nación de Egipto durante la hambruna (Génesis 39–45). Mientras todo el Oriente Medio se moría de hambre, José utilizaba la abundancia para comprar todo lo que podía comprarse; ¡él no estaba limitado por la sequía o por terrenos improductivos!

De muchas maneras esas escuelas de pensamiento de "abundancia" están mucho más en línea con nuestras raíces. La economía de libre mercado estaba ampliamente aceptada antes de la llegada del socialismo (por ejemplo, "la mano invisible" de Adam Smith), pero cuando la perspectiva humanista comenzó a apoderarse de nuestros sistemas educativos, las teorías económicas humanistas de Keynes se apoderaron también del pensamiento económico. Desde finales de los años setenta el keynesianismo ha estado perdiendo la guerra firmemente, pero sigue habiendo una preponderancia de este tipo de mentalidad entre miembros de la prensa, políticos liberales, y gran parte del mundo académico.

Vivir con una mentalidad de abundancia

Abundancia es el deseo de Dios para nosotros. ¿Por qué si no diría Jesús que el ladrón viene para robar, matar y destruir, pero que Él vino *"para que tengan vida, y para que la tengan en abundancia"* (Juan 10:10)? Hay días en que pasan cosas alrededor de mí, y sé que el ladrón está tratando de robarme a mí, a mi ministerio, o a nuestro equipo en Generals International, y digo en voz alta: "¡Esta no es la voluntad de Dios para mi vida (o para mi familia, o mi equipo ministerial)! Soy llamada a tener una vida abundante. Una vida de abundancia y no de escasez".

Pusimos Juan 10:10 en el tablón de oración en la oficina y lo citamos para el ministerio y el personal cada vez que oramos. La abundancia es nuestra; es un derecho por pacto. Las bendiciones de Abraham son nuestras porque hemos sido injertados en la línea familiar de Dios por medio de Cristo Jesús (ver Romanos 11). Por tanto, nuestros derechos por pacto nos dan la autoridad de romper la maldición de Génesis de escasez y carencia. Deuteronomio 8:6–9 dice:

> Guardarás, pues, los mandamientos de Jehová tu Dios, andando en sus caminos, y temiéndole. Porque Jehová tu Dios te introduce en la buena tierra, tierra de arroyos, de aguas, de fuentes y de manantiales, que brotan en vegas y montes; tierra de trigo y cebada, de vides, higueras y granados; tierra de olivos, de aceite y de miel; tierra en la cual *no comerás el pan con escasez, ni te faltará nada* en ella.

Esto significa que una de las cosas sobre las que tenemos autoridad en nuestras sociedades es la pobreza. Lo crea o no, es plenamente posible que Dios les dé a sus hijos un plan para erradicar la *pobreza sistémica*, o como yo la definiría:

> Pobreza que está extendida. El sistema de operación de una sociedad desde la microperspectiva de su gente hasta la macro de la nación (como cultura, sistema económico) que produce pobreza y no abundancia para sus ciudadanos.

Esto, desde luego, es una tarea inmensa; solo puede hacerse de modo sobrenatural. Mi sugerencia es que comencemos con la Iglesia en el presente. ¿Cómo son las políticas económicas de Dios en el nivel de la congregación local y también en el nivel de nación santa? No es suficiente solo con orar: *Venga tu reino, que se haga tu voluntad en la tierra como es en el cielo*; necesitamos implementarlo. Esto requiere una reforma de nuestro modo de pensar, y por eso este libro es un Manifiesto de la Reforma.

Uno de los puntos importantes que me gustaría establecer en este capítulo es que debemos poner en su lugar un sistema económico para la casa de Dios. Necesitamos aprender cómo desarrollar una filosofía bíblica de la economía —u *oikonomia*— para nuestra casa y también para nuestra nación. ¡Esto forma parte de ser administradores de la tierra!

Otra razón por la que es tan importante que nos ocupemos de los pobres y rompamos la maldición de la pobreza en nuestras naciones es que este fue el tema del primer sermón público de Jesús en la sinagoga, donde leyó en Isaías 61:1 (nvi):

> El Espíritu del Señor omnipotente está sobre mí,
> por cuanto me ha ungido
> para anunciar buenas nuevas a los pobres.

Como un primer paso para esto, cada congregación local debería pedir a Dios un sistema para eliminar la pobreza para sus miembros. ¡Imagine una mañana de domingo en que la mayoría de las personas asistentes hubieran podido no solo pagar sus propias facturas sino también tener dinero para compartir con otros que estén saliendo de la maldición de la pobreza!

Antes de seguir avanzando en este capítulo, permita que le dé algunos puntos para asegurarse de que es usted personalmente libre de la maldición de la pobreza:

1.   Arrepiéntase de cualquier práctica corrupta. Pida al Espíritu Santo que le revele cualquier pecado que esté oculto y hace que no sienta convicción, como mentir, no pagar sus

facturas, no pagar sus impuestos, quebrantar cualquier ley, cargar intereses a los pobres, etc. Lea la lista de maldiciones en Deuteronomio 28, y asegúrese de no haber participado en idolatría o cualquier otro pecado que conduce a que esas maldiciones lleguen a su vida.

2. Rompa la maldición de la pobreza en el nombre de Jesús.
3. Renueve su mente mediante un estudio de la Palabra de Dios con respecto a sus derechos económicos de pacto como hijo de Dios.
4. Ore para recibir sus derechos de pacto como creyente con respecto a la bendición de Abraham: riqueza, prosperidad, ser cabeza y no cola en la sociedad (ver Deuteronomio 8; Deuteronomio 28:1–14).

Esto significa que hemos entendido y nos hemos apropiado del plan de Dios en Deuteronomio para eliminar la pobreza:

Acontecerá que si oyeres atentamente la voz de Jehová tu Dios, para guardar y poner por obra todos sus mandamientos que yo te prescribo hoy, también Jehová tu Dios te exaltará sobre todas las naciones de la tierra. Y vendrán sobre ti todas estas bendiciones, y te alcanzarán, si oyeres la voz de Jehová tu Dios. Bendito serás tú en la ciudad, y bendito tú en el campo. Bendito el fruto de tu vientre, el fruto de tu tierra, el fruto de tus bestias, la cría de tus vacas y los rebaños de tus ovejas. Benditas serán tu canasta y tu artesa de amasar. Bendito serás en tu entrar, y bendito en tu salir. Jehová derrotará a tus enemigos que se levantaren contra ti; por un camino saldrán contra ti, y por siete caminos huirán de delante de ti. Jehová te enviará su bendición sobre tus graneros, y sobre todo aquello en que pusieres tu mano; y te bendecirá en la tierra que Jehová tu Dios te da. Te confirmará Jehová por pueblo santo suyo, como te lo ha jurado, cuando guardares los mandamientos de Jehová tu Dios, y anduvieres en sus caminos. Y verán todos los pueblos de la tierra que el nombre de Jehová es invocado sobre ti, y te temerán. Y te hará Jehová sobreabundar en bienes, en el fruto de tu vientre, en el fruto de tu bestia, y en el fruto de tu tierra, en el país que Jehová juró a tus padres que te había de dar. Te abrirá Jehová su buen tesoro, el cielo, para enviar la lluvia a tu tierra en su tiempo, y para bendecir toda obra de tus manos. Y prestarás a muchas naciones, y tú no pedirás prestado. Te pondrá Jehová por cabeza, y no por cola; y estarás encima solamente, y no estarás debajo, si obedecieres los mandamientos de Jehová tu Dios, que yo te ordeno hoy, para que los guardes y cumplas, y si no te apartares de todas las palabras que yo te mando hoy, ni a diestra ni a siniestra, para ir tras dioses ajenos y servirles.

Deuteronomio 28:1–14

Estos pasos van junto con la promesa bíblica de que todos los hijos de Dios —no solo unos cuantos—, los de Abraham, ¡tienen el poder de hacer riquezas!

Sino acuérdate de Jehová tu Dios, porque él te da el poder para hacer las riquezas, a fin de confirmar su pacto que juró a tus padres, como en este día.

Deuteronomio 8:18

¿Qué significa todo esto para nosotros? Si caminamos en el plan de Dios para nuestras vidas, le obedecemos, y hacemos que nuestras naciones le obedezcan, Dios nos dará tal sabiduría en los negocios y la economía que sería una excepción tener pobreza en medio nuestro en lugar de ser la regla. Esto es lo opuesto a la economía actual basada en la escasez; *es una basada en la abundancia.*

Al escribir esto estoy pensando en ser pobre. No éramos completamente pobres cuando yo era pequeña, pero, sin duda, teníamos que batallar para pagar nuestras facturas. Yo no quiero que nadie tenga que pasar por eso. Estoy pensando en las personas sin hogar que he visto en las esquinas de las calles de ciudades de todo el mundo. Quiero ayudarlas, y quiero que nosotros, el cuerpo de Cristo, oremos y pidamos a Dios que nos dé respuestas para ayudarlas. Después de todo, se nos manda no endurecer nuestros corazones hacia los pobres:

Cuando haya en medio de ti menesteroso de alguno de tus hermanos en alguna de tus ciudades, en la tierra que Jehová tu Dios te da, no endurecerás tu corazón, ni cerrarás tu mano contra tu hermano pobre, sino abrirás a él tu mano liberalmente, y en efecto le prestarás lo que necesite.

Deuteronomio 15:7–8

Este mismo capítulo dice que deberíamos ser libres de deudas. Yo lo he leído una y otra vez y he pensado: *¿Cómo podemos implementar eso en nuestra sociedad hoy día?*

Eliminar la corrupción de nuestras naciones

El primer principio, y el más básico, para poner fin a la pobreza sistémica es eliminar la corrupción de la Iglesia, y luego de la nación. Esto es lo fundamental:

Nunca podemos eliminar la pobreza sistémica sin eliminar la corrupción sistémica.

Cuando uno mira a sanear los sistemas económicos, debe haber una renovación de las mentes de creyentes individuales al igual que de congregaciones con respecto a la ética, la honestidad y la conducta piadosa en la sociedad. La corrupción es un pecado y debe considerarse como tal. Sin embargo, cuando la aceptamos sin ni siquiera pensar en ello —como esos pastores de los que le hablé anteriormente que no pagaban sus impuestos—, ¿cómo esperamos que Dios bendiga nuestra casual falta de rectitud?

Esto toca el corazón del asunto. El juicio debe comenzar por la casa de Dios (ver 1 Pedro 4:17). No podemos derrocar problemas en naciones que existen entre nosotros mismos. La Biblia es clara sobre la corrupción económica en numerosos pasajes; de hecho, es tan anti-bíblico ser corrupto que la Biblia tiene claras "leyes de restitución" que debían pagarse por parte del pecador que había robado a otros mediante prácticas corruptas.

Recuerde que Zaqueo le dijo a Jesús que él daría la mitad de sus bienes a los pobres, y si se había apropiado de cualquier cosa de

alguien mediante la falsa acusación, se lo restituiría por cuadrupli-
cado (ver Lucas 19:8). Zaqueo sabía de restitución. La restitución legal era un 20 por ciento adicional a lo que uno
había tomado (ver Levítico 5:16 y Números 5:7). Estando pro-
fundamente arrepentido, Zaqueo se ofreció a ir más allá de lo que
era legalmente requerido. Jesús debió de haber utilizado su historia como una ilustración para sus discípulos y un punto de partida
para enseñar sobre la administración de "hacer negocios hasta que
Él regresara", tal como enseñó en la parábola de las minas en la casa
de Zaqueo (ver Lucas 19:1–27). Notemos que la recompensa por la
buena administración de los negocios en esta parábola era gobernar
sobre ciudades. ¿Cómo podemos transformar ciudades si no podemos tratar de modo eficaz los problemas de pobreza y corrupción
en el cuerpo de Cristo?

La corrupción conduce a un falso dominio, donde se acumula dinero mediante la avaricia. Los líderes corruptos puede que se
conviertan en titanes del mercado mediante un mal uso del dinero,
la influencia y el poder que proporcionan, pero nunca reformarán
la sociedad. Ellos solamente están ahí para sí mismos, y su filantro-
pía está motivada por las ventajas fiscales que reciben por sus dona-
ciones.

Guía piadosa para prestar a los pobres

La economía bíblica tiene salvaguardas incorporadas para mitigar
la corrupción, en especial al tratar con los pobres y defenderlos de
convertirse en las víctimas de la usura. *Usura* es "la práctica de prestar dinero y cargar interés al prestatario, especialmente a un índice
exorbitante o ilegal".[11] De hecho, los creyentes no solo no debemos participar en la práctica de la usura cuando prestamos dinero,
¡sino que tampoco debemos cargar interés alguno a hermanos y
hermanas en el Señor que sean pobres!

> Cuando prestares dinero a uno de mi pueblo, al pobre que
> está contigo, no te portarás con él como logrero, ni le impon-
> drás usura.
>
> Éxodo 22:25

Gary North da una detallada explicación de este pasaje en su libro *Honest Money* [Dinero honesto]. Él establece el punto de que no se nos prohíbe prestar y cargar un interés razonable —de hecho, la bendición de Dios sobre una nación permite a su gente prestar a muchas naciones y no pedir prestado (ver Deuteronomio 28:12)—, sino que se nos prohíbe cargar interés a los pobres que están a nuestro alrededor en la familia de Dios.[12]

> No exigirás de tu hermano interés de dinero, ni interés de comestibles, ni de cosa alguna de que se suele exigir interés. Del extraño podrás exigir interés, mas de tu hermano no lo exigirás, para que te bendiga Jehová tu Dios en toda obra de tus manos en la tierra adonde vas para tomar posesión de ella.
>
> Deuteronomio 23:19–20

Y este pasaje en Éxodo dice:

> Si tomares en prenda el vestido de tu prójimo, a la puesta del sol se lo devolverás. Porque sólo eso es su cubierta, es su vestido para cubrir su cuerpo. ¿En qué dormirá? Y cuando él clamare a mí, yo le oiré, porque soy misericordioso.
>
> Éxodo 22:26–27

Esta sección habla tanto de las prácticas del que presta como del que recibe. El deudor no puede obtener múltiples préstamos sobre las mismas garantías y luego tener un incentivo para devolver el préstamo.[13]

Dios es muy particular sobre el modo en que tratamos a los pobres. Recordemos que una de las razones de que el juicio de Dios cayera sobre Sodoma fue el modo en que la ciudad trataba a los destituidos:

> He aquí que esta fue la maldad de Sodoma tu hermana: soberbia, saciedad de pan, y abundancia de ociosidad tuvieron ella y sus hijas; y no fortaleció la mano del afligido y del menesteroso.
>
> Ezequiel 16:49

Parte del papel de Ezequiel como profeta fue señalar los pecados inconscientes de ciudades a fin de que las personas se arrepintieran. En este pasaje, el Señor está tratando los pecados de Samaria y también de Sodoma, pero dice además que los pecados de Jerusalén eran mucho peores.

¿Cómo está a la altura mi ciudad?

¿Cómo están a la altura nuestras ciudades con respecto a la plomada de Dios? ¿Qué hacemos para erradicar la pobreza sistémica? Aunque la Escritura dice que los pobres siempre estarán entre nosotros (ver Marcos 14:7 y Juan 12:8), sigue siendo nuestra responsabilidad ver su necesidad y encontrar soluciones (ver Deuteronomio 15:7–11).

En particular, ningún creyente nacido de nuevo que diezme regularmente y sea un miembro fiel de una congregación local debería tener que vivir de la beneficencia a largo plazo. ¿Por qué? ¡Porque su congregación local debería tener un plan establecido para erradicar la pobreza entre su membresía! De hecho, voy a sumergirme en aguas profundas aquí y afirmar que creo que es posible ver el Reino de Dios manifestado de tal manera en una nación que no haya necesidad en absoluto de un sistema de beneficencia; ¡en especial para cualquier creyente! La iglesia debería ser la que proporcione soluciones a nuestra sociedad. Los gobiernos de la tierra deberían ser capaces de mirarnos para encontrar respuestas a sus problemas con la pobreza.

Soy consciente de que la idea de tratar de desarrollar estructuras para erradicar la pobreza sistémica puede ser abrumadora, hasta en el nivel de nuestras congregaciones locales; sin embargo, la Palabra de Dios es clara en cuanto a que podemos revertir la maldición en cualquier nivel. Lo que no podemos hacer por separado podemos hacerlo juntos.

¿Es pura su religión?

Lo fundamental de todo esto es el mandato de que ayudar a las viudas y a los huérfanos entre nosotros es la forma más pura de seguir las enseñanzas de Cristo:

La religión pura y sin mácula delante de Dios el Padre es esta: Visitar a los huérfanos y a las viudas en sus tribulaciones, y guardarse sin mancha del mundo.

Santiago 1:27

El Creador no se ha quedado sin ideas o soluciones, y hay personas a las que Dios ha dotado de manera especial con la capacidad de acceder a la inteligencia sobrenatural para comenzar el cambio de rumbo de la maldición de Génesis. Dios nos ayudará a "administrar la casa" liberando su unción para dar soluciones sobrenaturales.

Esto se logrará por parte de quienes hayan renovado sus mentes por medio de Dios y hayan recibido el llamado de Dios a ser economistas. Una mente ungida por Dios ve las cosas mediante la creencia de que no hay nada imposible para Dios. Un desafío es solo una oportunidad para ver el poder de Dios moverse de manera sobrenatural.

Yo soy mentora de un grupo de mujeres líderes que entienden que la perspectiva cambia el modo en que vemos las situaciones difíciles y la oposición de Satanás. Un día les dije: "Otras personas podrían ver una serpiente, pero nosotros vemos un bolso, ¡o hasta un par de zapatos!". ¡Perspectiva! El presidente israelí, Simón Peres, dijo en una ocasión: "Este año Israel sacará de sus cerebros más de lo que los saudíes sacarán de sus pozos de petróleo".[14]

Recordemos que hemos de amar a Dios no solo con nuestros corazones y almas, ¡sino también *con nuestras mentes*! (ver Mateo 22:37). Por medio de Cristo tenemos un pensamiento sobrenatural a nuestra disposición. Por eso es tan crítico que renovemos nuestras mentes diariamente leyendo y estudiando la Palabra de Dios. ¡Es viva y poderosa! (ver Hebreos 4:12).

La buena noticia es que Dios no ha dejado de poder ungir a líderes, como José en Egipto, que puedan recibir planes económicos divinamente inspirados. Quienes tienen ese tipo de talentos, como el de José, para los negocios pueden oír a Dios para obtener un plan para erradicar la pobreza de sus iglesias y ciudades. Tienen que entender que Dios los ha llamado a esto y comenzar a buscarlo a Él con todo su corazón para recibir respuestas. ¿Qué está hablando Dios a su corazón en el presente acerca de este importante tema?

La banca del Reino

Una persona que yo creo que es un profeta actual en el mundo de las finanzas y tiene la unción de José es mi amigo Chuck Ripka. Chuck, junto con otros amigos, estableció realmente un banco que yo llamo "el banco de Dios", aunque su verdadero nombre es River City Community Bank. Es un banco distinto a cualquier otro que usted haya podido ver en operación; está gobernado por principios piadosos. Ellos oran por los enfermos en el banco, y muchas personas fueron salvas en el primer año de su funcionamiento. Después de solo nueve meses, ellos investigaron en cuanto a qué cantidad de depósitos sería normal para un banco que hubiera estado en el negocio durante esa cantidad de tiempo. Les dijeron que alrededor de dieciséis millones de dólares. Dios bendijo tanto a este banco ¡que tenían cuarenta millones en depósitos! La bendición del Señor es abundante y no añade tristeza con ella (ver Proverbios 10:22). El libro de Chuck, *God Out of the Box* [Dios fuera del molde], está lleno de historias sobre cómo Dios le ha utilizado a él para profetizar sobre líderes en lugares de influencia al igual que para hacer otros avances para el Reino de Dios.

Aunque esto es emocionante, yo creo que el establecimiento de naciones santas y bancos del reino por toda la tierra —todos ellos trabajando juntos para ver que la voluntad de Dios se haga en la tierra como en el cielo— es el siguiente paso necesario que debemos dar en la economía bíblica. Yo creo que esto es imperativo porque no seremos libres para ver el Reino de Dios liberado en las naciones de la tierra sin antes tener una *oikonomía* bíblica —administración de la casa— y sin tales bancos del Reino.

¿Qué quiero decir con *banca del Reino*? Literalmente, el desarrollo internacional de un sistema de finanzas por y para los seguidores de Jesucristo, comprometidos con ver que el Reino de Dios venga y se haga su voluntad en la tierra como en el cielo. Este pensamiento a nivel micro es imperativo si hemos de tener alguna vez la influencia política y financiera necesaria para sanar naciones.

Es triste pensar que aún no hemos hecho eso. Los musulmanes están muy por delante de nosotros en su modo de pensar. Ellos ya han establecido bancos que están basados en la ley sharia, y tienen un sistema mediante el cual no cargan intereses. De hecho, cuando yo estuve en Inglaterra recientemente, alguien me dio una copia del ejemplar del lunes, 23 de abril de 2007 del *Financial Times*, y este era el titular: "Gran Bretaña, primer país en occidente en emitir bonos islámicos". El artículo decía: El movimiento no tiene precedentes. Los bonos que cumplen con la shari-ah ya han sido emitidos previamente por los gobiernos de Pakistán y Malasia, y también por emisores colectivos en todo el mundo, pero nunca por un país occidental.

También afirma que es un movimiento para apuntalar el papel financiero de la ciudad de Londres en cuanto a alentar a los musulmanes que están allí. Es un importante paso hacia la islamificación del Reino Unido, y su control total del sector financiero.

Una de las partes más asombrosas del artículo afirmaba que los activos financieros islámicos totales en el mundo —incluyendo patrimonio privado y bonos— superaba los 124.7 millones de libras. ¡Eso es aproximadamente 249 millones de dólares!

Mi pregunta es: "¿cuál es la cantidad de los activos financieros cristianos en todo el mundo que tenemos nosotros, como sistema financiero de una nación santa (Reino de Dios)?". Respuesta: *Absolutamente ninguno*. No existe tal sistema, por lo que yo sé. A pesar de todas nuestras afirmaciones de que la riqueza de los pecadores se acumula para los justos (ver Proverbios 13:22), estamos muy por detrás del tipo de pensamiento global que tienen los islámicos.

Todo esto me pone tan triste que tengo ganas de llorar. Aun así, hay globalistas que son científicos monetarios y trabajan totalmente fuera del molde, reuniendo sus fondos para organizar cambios financieros a nivel mundial. ¿No le recuerda esto el pasaje de la Escritura en Lucas 16:8, donde el maestro elogió al mayordomo injusto?:

> Porque los hijos de este siglo son más sagaces en el trato con sus semejantes que los hijos de luz.

Un llamado a todos los José y Daniel actuales

La buena noticia es que una nueva generación de José, a quienes Dios ha ungido para ser científicos económicos, conectará con los

Daniel —los científicos políticos de Dios— y juntos trabajarán para cambiar la tierra.[15]

Si alguna vez hemos de tomar seriamente nuestro llamado a erradicar la pobreza sistémica, entonces necesitamos entender que el Dios que está sobre todas las cosas tiene todo el conocimiento y la sabiduría, y recursos ilimitados a su disposición. Nosotros nunca vamos a ser capaces de cambiar realmente nuestro pensamiento y la riqueza necesarios para liberar la voluntad de Dios en la tierra sin nuevas oraciones para un nuevo día. Ahora es momento de ahondar en las estrategias de oración de Dios para nuestra generación y comenzar a entender la necesidad de convertirnos en *intercesores de la reforma.*

Capítulo Nueve

Legislar en los cielos:
Intercesión de la reforma

El aire en la habitación era eléctrico. Un grupo de dedicados líderes se había reunido en Washington, D.C., para "cambiar la nación". El Señor nos había mostrado que debíamos reunir lo que era un *tribunal de oración* para interceder por los Estados Unidos.

Justamente aquel día, Mike y yo habíamos hecho un viaje para ver el edificio de la Corte Suprema. Cuando caminábamos por las instalaciones, observamos un pequeño cartel que decía:

El tribunal está en sesión. Favor de entrar por la puerta lateral.

El hecho de que el tribunal estuviera en sesión aquel día fue importante, porque estábamos a punto de hacer algunas oraciones radicales aquella noche, las cuales creíamos que comenzarían a cambiar la marea contra la injusticia en nuestra nación. La fecha era 22 de junio de 2006.

Es interesante cómo el Espíritu Santo tiene el control de nuestras vidas, ordenando nuestros pasos, aun cuando no seamos conscientes de que Él lo está haciendo. Yo me pregunto con frecuencia que si pudiéramos descorrer el velo que está entre lo visible y lo invisible, veríamos a los ángeles del Señor orquestando nuestros movimientos. Personalmente, yo creo que lo veríamos. Esa idea es muy, muy consoladora para mí.

Mientras hacíamos un tour preliminar de ese edificio en particular el día anterior, yo me había detenido en la tienda de regalos y había agarrado un martillo y un bloque con las palabras grabadas: *El Tribunal Supremo de Estados Unidos*. En aquel momento, pensé: *¡Qué recuerdo tan estupendo!* Pero al día siguiente supe que era algo más que un recuerdo; Dios quería que lo usáramos como un símbolo de su autoridad judicial sobre las naciones. Debíamos convocar al tribunal de los cielos y legislar la voluntad de Dios en la tierra; y yo llamaría al orden a ese tribunal utilizando ese martillo.

Aquella noche, cuando comenzaron las reuniones, sentí que debía apelar a Dios como el Juez supremo del universo con respecto a las leyes injustas de nuestra nación. Tomé el martillo y lo golpeé en el bloque, captando la atención de todos los que estaban en la sala. Entonces anuncié la visión que Dios me había mostrado: el Capitán del Señor de los ejércitos estaba esperando entrar en la ciudad con ángeles montados en carros de fuego. Ellos estaban rodeando la zona y abriendo paso para la justicia de Él. (A propósito, también había una guerra en lo natural: el aire acondicionado estaba estropeado, y nuestra piel relucía mientras entramos en oración y adoración).

Durante el tiempo de adoración yo me subí a la plataforma y comencé a profetizar: *"¡Voy a lavar Washington, dice el Señor!"*. Ese "cambio de la nación" y nuestras tareas de oración fueron puestos en movimiento mediante las palabras proféticas liberadas aquella primera noche de la conferencia. Los oradores eran Dutch Sheets y Chuck Pierce. Dutch se puso en pie y compartió que un profeta, Sam Brassfield, sin saber que Dutch estaba en un vuelo hacia Washington, D.C., había telefoneado a su casa para hablar con él. Después conectó con Dutch y le dio la palabra: *"Dios dice: 'Voy a lavar Washington'"*. Dutch pasó a explicar que él pensó que era un dicho gracioso, ¡hasta que yo me puse en pie y afirmé lo mismo! Chuck Pierce, como hace con frecuencia, subrayó, a medida que fluíamos juntos en el Espíritu, y profetizó que la ciudad iba a inundarse.

Le pedimos a Thomas, un líder de jóvenes que trabaja con Lou Engle y el movimiento *The Call*, que orase y pidiese a Dios que enviara sus carros de fuego a la ciudad para hacer guerra contra las leyes injustas, como las que legalizan el aborto. Thomas era él mismo casi una estadística en la lista de bebés abortados, y oró con una gran autoridad.

Aquella noche después de la reunión, los cielos sobre el Capitolio se parecían al bombardeo de Bagdad. Hubo relámpagos y truenos en los cielos, y comenzó a caer lluvia. El fin de semana la lluvia aumentó, y los cielos reflejaban lo que estaba sucediendo en la esfera espiritual e invisible, con huestes angelicales luchando contra las potestades de las tinieblas sobre la ciudad. ¡Se estaba librando una guerra en las alturas!

Los servicios de noticias del lunes, 26 de junio de 2006, informaron en lo natural de lo que los profetas habían profetizado en nuestra conferencia *Cambiar la nación*. Hubo tanta lluvia, que una parte de la ciudad se inundó y un corrimiento de tierra enterró la carretera de circunvalación a lo largo de más de un kilómetro. Nosotros sentimos que aquello era una señal de que la corrupción iba a ser sacada a la luz en D.C., y que se produciría un movimiento de "autopista de santidad" de Isaías 35 en el sistema político.

Eso no es todo. La Avenida de la Constitución se inundó, al igual que el Departamento de Justicia y el Departamento de Hacienda. ¡Se encontraron peces en las calles por la inundación!

Parte de nuestra intercesión fue por el diseño original de la ciudad por parte de un masón llamado Pierre Charles L´Enfant. El sistema subterráneo de metro en la parada de L´Enfant se cerró debido al agua que había en las líneas eléctricas.

Una señal final y significativa sucedió en los días siguientes a nuestras oraciones. Durante aquellos tiempos de oración, yo seguí declarando que veía la mano de Dios meciendo de un lado a otro un gran árbol, y que sería desarraigado. Un gran olmo —uno de los dos que estaba situado en el jardín de la Casa Blanca— se desarraigó durante la tormenta y tuvo que ser sustituido (esos dos árboles flanquean la Casa Blanca en la fotografía posterior del billete de veinte dólares). Vimos aquello como otra indicación de que la corrupción oculta saldría a la luz.

Venga su Reino

Soy consciente de que el título de este capítulo puede sonar extraño a algunos lectores. Permítame que explique la frase *legislar en los cielos*.

Dios es el gobernador supremo del universo; Él es el Legislador y quiere que sus leyes sean obedecidas. Ya que eso es así, debemos hacernos algunas preguntas importantes, como: "¿Por qué no se está haciendo su voluntad en la tierra?"; y: "¿cuál es mi parte en ver que su voluntad —sus leyes del Reino— se establezca en la tierra (o en mi familia, ciudad o nación)?". En cierto sentido, podemos decir que somos llamados a ver que la ley de Dios se convierta en la ley de la tierra. Quiero añadir aquí que esto no se hace mediante la coerción física, sino que, cuando oramos, los corazones de las personas se vuelven al Señor y desean establecer leyes bíblicas. Nuestra legislación comienza en los cielos con oración, y es manifestada en la tierra mediante los corazones cambiados de personas que están en puestos de autoridad. Una parte de la posición que Dios nos ha dado como sus hijos e hijas es la de hacer cumplir su voluntad. En mi libro *Conquistemos las puertas del enemigo*, lo describí de este modo:

> Nosotros somos quienes hacen cumplir su voluntad en la tierra actualmente cuando usamos su nombre y oramos su voluntad mediante su Palabra. Los seres humanos ahora pueden desempeñar la posición ordenada por Dios y dada en el huerto de Edén para someter la tierra y tener dominio sobre ella en el nombre del Campeón resucitado, Jesucristo, mientras que nosotros, al mismo tiempo, discernimos su voluntad y oramos por ella. Al nosotros tomar dominio sobre las obras de Satanás en la tierra y orar en el nombre de nuestro Rey, establecemos su voluntad en la tierra como es en el cielo. Nosotros, en el acto de la intercesión, somos sus embajadores plenipotenciarios, plenamente capacitados con total autoridad para orar en nombre del Dios poderoso e increíble de este universo.[1]

Nuestro papel en cuanto a ver la voluntad de Dios hecha en la tierra comenzó en el huerto de Edén. Regresando a la premisa de que debemos "administrar la casa" —la tierra—, necesitamos entender nuestros papeles como intercesores en ese mandato de Génesis de "fructificad y multiplicaos; llenad la tierra y sojuzgadla" (Génesis 1:28). Nuestra mayordomía no solamente incluye cosas en la esfera de lo que se ve, sino también cosas en la esfera invisible (espiritual) que afecta a la esfera visible (natural). Tenemos un dicho en los Estados Unidos que dice que sucede más de lo que podemos ver.

Un axioma espiritual importante a este respecto es:

La administración de la creación de Dios requiere una intercesión estratégica y enfocada a fin de ver que la voluntad de Dios se haga en la tierra como en el cielo.

Esa intercesión debe derribar las potestades demoníacas que hay detrás de las estructuras ideológicas que influencian el pensamiento de la gente en áreas como el humanismo, la pobreza y el aborto. Hubo cosas que se pusieron en movimiento en la caída de Adán y Eva que necesitan ser revertidas por medio de la oración. A fin de administrar toda la creación, no solo debemos tratar con lo que vemos en la esfera natural, sino también abordar las estructuras sobrenaturales —llamadas *fortalezas*— que deben ser rotas en los cielos a fin de ver que la voluntad de Dios se haga en la tierra. Efesios 6:12 lo deja claro:

> Porque no tenemos lucha contra sangre y carne, sino contra principados, contra potestades, contra los gobernadores de las tinieblas de este siglo, contra huestes espirituales de maldad en las regiones celestes.

Yo denomino a este tipo de oración intercesora legislar en los cielos. Permita que lo explique: cuando el Congreso de los Estados Unidos se reúne —o el Parlamento en el Reino Unido, Australia, etc.—, legisla, o hace leyes. Al *legislar en los cielos*, decretamos mediante la oración intercesora que las leyes de Dios serán las leyes de nuestras naciones. También declaramos que su voluntad sea manifestada en cada área de la vida y la sociedad. Daniel 7:26–27 nos proporciona un cuadro de este tribunal del cielo:

> Pero se sentará el Juez, y le quitarán su dominio para que sea destruido y arruinado hasta el fin, y que el reino, y el dominio y la majestad de los reinos debajo de todo el cielo, sea dado al pueblo de los santos del Altísimo, cuyo reino es reino eterno, y todos los dominios le servirán y obedecerán.

Como intercesores del Cordero, servimos como "defensores ayudantes" del Reino, con el cargo de defender al pueblo del Rey y de sancionar a los enemigos del Rey en la esfera espiritual (el adversario y sus rebeldes seguidores). Cada vez que vamos delante del "banco" del Juez de todas las cosas, nuestro Abogado se pone a nuestro lado y nos toma del brazo para presentarnos formalmente ante el Juez y enumerar las credenciales legales que Él nos ha delegado. Nosotros "practicamos delante del tribunal" como abogados enviados por su oficio más alto: el Intercesor principal y el Abogado principal de los redimidos.[2]

Nuestra formación como intercesores debe incluir el presentar un caso legal y bíblico ante el trono de Dios. Cuando hacemos eso, el Espíritu Santo comienza a intervenir en los asuntos de los hombres, leyes y naciones para producir los cambios necesarios para establecer su justicia. Además, las bendiciones de Dios comenzarán a derramarse desde el cielo sobre las naciones de la tierra debido a esa justicia.

Por eso este tipo de intercesión de la reforma es tan importante. Si hemos de ser reformadores, debemos reformar las estructuras de los cielos al igual que de la tierra, ¡porque ambas son parte de la creación de Dios! Hay dominios, o lugares celestiales, que mantienen a sectores enteros de la sociedad bajo su malvado poder y deben ser derrotados por medio de la oración intercesora.

Un sinónimo de *dominio* es *reino*. Otra manera de pensar sobre nuestro llamado como intercesores sería parafrasear Mateo 6:10 de esta manera:

Venga tu *dominio* a la tierra, como en el cielo.

Algunas naciones son conocidas como dominios, como el Dominio de Canadá. Uno de los pasajes bíblicos que los fundadores escogieron como piedra angular para nuestra nación es el Salmo 72:8:

Dominará de mar a mar,
Y desde el río hasta los confines de la tierra.

Soy consciente de que el término *dominio* ha recibido un mal nombre por parte de quienes han abusado teológicamente de él.

Sin embargo, tengo la fuerte convicción de que no podemos permitir que este término bíblico bueno se evite debido al mal uso. La Biblia nos da una buena razón doctrinal para tomar dominio sobre las potestades de las tinieblas y establecer la voluntad de Dios (o dominio). Hacemos eso prevaleciendo contra las potestades de las tinieblas y recordándole a Dios sus leyes y promesas en la Escritura. No es que Él las haya olvidado, sino que quiere ver nuestra fe en acción como sus representantes legales en la tierra. Él nos ha dado autoridad aquí en la tierra y no usurpará esa autoridad, pero si acudimos a Él y pedimos que sus promesas se cumplan y sus leyes se hagan cumplir, entonces Él hará tal como Él lo ha escrito. Hay varios otros pasajes que señalan a esta doctrina de la intercesión de la reforma, como Colosenses 1:16:

> Porque en él fueron creadas todas las cosas, las que hay en los cielos y las que hay en la tierra, visibles e invisibles; sean tronos, sean dominios, sean principados, sean potestades; todo fue creado por medio de él y para él.

Ya que Dios creó su orden en cielos y tierra, en las esferas visible e invisible, es lógico que cuando Satanás comenzó a establecer sus estructuras demoníacas invisibles, falsificara el plan de Dios. Efesios 1:20–23 nos da otra instantánea bíblica de la autoridad del cielo sobre los sistemas falsificadas de Satanás:

> La cual operó en Cristo, resucitándole de los muertos y sentándole a su diestra en los lugares celestiales, sobre todo principado y autoridad y poder y señorío, y sobre todo nombre que se nombra, no sólo en este siglo, sino también en el venidero; y sometió todas las cosas bajo sus pies, y lo dio por cabeza sobre todas las cosas a la iglesia, la cual es su cuerpo, la plenitud de Aquel que todo lo llena en todo.

En palabras sencillas, debemos establecer el reino de Dios según su gobierno divino en cada sector de la sociedad destronando a las potestades de las tinieblas que mantienen atenazadas a las naciones.

Daniel describió la esfera invisible que vio en una visión cuando exclamó:

Estuve mirando hasta que fueron puestos tronos, y se sentó un Anciano de días.[3]

Daniel 7:9

No puede haber dos autoridades gobernantes sobre una región geográfica. Habrá, o bien potestades gobernantes de Dios o potestades gobernantes de Satanás. Hay una batalla continua por la autoridad sobre una región que no se zanjará finalmente hasta que intercedamos o hasta que Jesús regrese y eche a Satanás y sus secuaces al lago de fuego. Necesitamos orar que la autoridad del Reino de Dios sea establecida sobre nuestras naciones. Desde luego, las regiones no serán libres una vez por todas de los ataques de Satanás hasta que Jesús regrese. Cada generación necesita velar y orar por su propia generación.

Puede que esté pensando: "¡Eso suena a una empresa inmensa! ¿Cómo puedo yo, una persona, hacer tal cosa? ¿Acaso no es aterrador o peligroso?". No, no lo es, pero sí que requiere valentía y el conocimiento de cómo proceder de manera bíblica y no presuntiva.

Cada ora-dor importa

Esta es mi respuesta a aquellas personas que se sienten abrumadas ante esto y se preguntan dónde encajan en el marco de las cosas: Usted es importante y estratégico en algún sector de la sociedad y de la cultura. *Cada persona que ora —cada "ora-dor"— es críticamente importante para esta tarea. Hay una esfera de autoridad que usted tiene y que nadie puede tocar como usted puede hacerlo.* Sencillamente necesita determinar cuál es esa esfera y hacer la parte que le pertenezca. Dios levantará miles de personas que harán su parte, y la tarea global *se realizará*. Esto me recuerda el viejo adagio: "¿Cómo se come un elefante?". Respuesta: "Bocado a bocado".

Puede que también se pregunte: "Muy bien, ¿por qué tengo que ser yo? ¿Por qué no se ocupa Dios de ello? Después de todo, ¿no es ese su papel y no el mío, el tomar autoridad sobre la maldad?".

Una vez más, regresando a nuestro papel como quienes hacen cumplir la ley, la respuesta es que el Señor ha puesto en nuestras manos la tarea de legislar su voluntad en la tierra. Él nos ha dado la autoridad y las armas para hacer eso mediante lo que denominamos *atar y desatar*:

> De cierto os digo que todo lo que atéis en la tierra, será atado en el cielo; y todo lo que desatéis en la tierra, será desatado en el cielo. Otra vez os digo, que si dos de vosotros se pusieren de acuerdo en la tierra acerca de cualquiera cosa que pidieren, les será hecho por mi Padre que está en los cielos.
>
> Mateo 18:18–19

Atar (o *deo* en griego) y *desatar* (o *luo*) se utilizaban en la terminología legal en tiempos de Cristo. Cuando los tribunales de su época decidían sobre un caso, decían o bien "atamos" (no permitimos), o bien "desatamos" (o permitimos como legal) esto en Israel. Ellos decidían lo que era legítimo o ilegal, permitido o no permitido, en su nación utilizando esta terminología.[4]

Observemos que Jesús no dijo: "Pídanme que ate o desate". Él dijo: **"todo lo que atéis o desatéis en la tierra será hecho"**. Él dijo que *nosotros* hemos de hacer eso *en su nombre*. Por tanto, es lógico que si no tomamos nuestro lugar de autoridad en oración intercesora, entonces las leyes malvadas tienen todo el derecho legal de ser establecidas.

Necesitamos *orar* y *hacer*. Con esto quiero decir que necesitamos atar las potestades de las tinieblas que están cegando los ojos de quienes hacen las leyes en nuestras naciones, al igual que convertirnos en voces que hablen contra el pecado en todo sector de la sociedad.

Literalmente, Jesús nos dijo que cualquier cosa que desatemos en oración —o permitamos— será legal en nuestra nación, y cualquiera cosa que atemos —o declaremos ilegal— en intercesión será ilegal. Esta es la base sobre la cual podemos "reunir al tribunal del cielo" mediante nuestras oraciones intercesoras y *legislar en los cielos* ciertas leyes de nuestras naciones.

Dutch Sheets lo resume muy bien en su libro *La oración intercesora*:

Aunque Jesús cumplió plenamente la tarea de romper la autoridad de Satanás y eliminar su tenaza legal sobre la raza humana, alguien en la tierra debe representarlo a Él en esa victoria
y hacerla cumplir.[5]

Obtener la estrategia de oración de Dios

¿Cómo sabemos *qué* atar y desatar? Dios revela su voluntad en su
Palabra. Al estudiar la Biblia, sabemos lo que no está en línea con
su voluntad, y entonces desarrollamos una estrategia de oración
para "legislar" su voluntad, o llevar a nuestro mundo a que se ali-
nee con su Palabra.

Cuando un general va a la guerra, prepara un plan. A fin de
desarrollar ese plan, necesita conocer la topografía del terreno,
dónde se producirá la batalla, las armas que el enemigo tiene en su
arsenal, y hasta la manera de pensar del general oponente. Lo hace
mediante lo que se denomina *inteligencia de reunión*.

No es diferente cuando nosotros vamos a pelear una batalla
espiritual contra todas las estrategias que Satanás ha puesto contra
nuestras naciones. Nosotros debemos reunir inteligencia espiritual
y un plan sobre cómo oraremos.

Mi amigo George Otis Jr., quien creó la excelente serie *Transformación*, ha acuñado la frase para este tipo de desarrollo de plan. Él
lo denomina *mapeo espiritual*. El mapeo espiritual nos da una radio-
grafía de lo que está sucediendo en la esfera invisible a fin de que
sepamos cómo orar eficazmente.[6]

Debemos estudiar las fortalezas o lugares ilegales de nuestras
naciones y crear un plan de intercesión para legislar la voluntad
de Dios en cada sector de la sociedad. Durante demasiado tiempo hemos sido ignorantes de las maquinaciones de Satanás (ver
2 Corintios 2:11).

¿Cómo desarrolla uno un mapa espiritual o estrategia de oración para un sector concreto de la sociedad? Las siguientes son
algunas buenas preguntas para comenzar:

1. ¿Quiénes fueron los fundadores de su ciudad?
2. ¿Qué creían ellos?

3. ¿Estaban sus creencias basadas en la Biblia?
4. ¿Cómo afectaron sus actos a la sociedad en que usted vive?
5. Si los fundadores fundaron su ciudad en verdades justas, ¿cuándo cambió eso y quién lo cambió?
6. ¿Cómo ha afectado eso al modo de pensar de su sociedad?
7. ¿Qué cree y enseña su sociedad mediante sectores como la educación, los medios de comunicación, y otros canales de comunicación?
8. ¿Qué fortalezas se han desarrollado como resultado de ese modo de pensar, leyes o actos incorrectos?

Voy a ilustrar tres áreas como ejemplos para orar que necesitan una seria legislación en los cielos. Han sido escogidas debido a su particular influencia en naciones y sus culturas. Cada una de ellas moldea mentes de alguna manera, y es clave para renovar los corazones y las perspectivas de nuestras naciones.

EDUCACIÓN

Pongamos lo anterior en el contexto de enseñar a naciones, o educación. Así es como yo haría esto para el sistema educativo estadounidense comenzando con responder a las ocho preguntas presentadas anteriormente:

1. Los fundadores fueron creyentes piadosos que enseñaron con libros de texto rectos como el *The New England Primer*.
2. Sus creencias fueron que deberíamos enseñar a nuestros hijos basándonos en la Escritura.
3. Sus creencias estaban basadas en la Biblia.
4. Mientras los métodos de educación originales estuvieron funcionando, la nación y sus hijos prosperaron.
5. La educación dio un giro alejándose de Dios, comenzando de manera visible en 1933, con el *Manifiesto humanista* y el cambio en la filosofía de la enseñanza presentada mediante "el padre de la educación norteamericana moderna", John Dewey.
6. Cada sector de la sociedad ha sido influenciado mediante la doctrina humanista.

7. Los educadores en general han sido educados mediante la ética de la situación, el enfoque no ético que ha conducido a un derrumbe moral en nuestra sociedad.

8. Las fortalezas del humanismo (recuerde que el humanista cree que el universo existe por sí mismo y no es creado) ahora han penetrado en el cine, la televisión, el arte, la ciencia, la arquitectura, y toda la enseñanza de las artes liberales en las universidades.

¿Cómo comienza uno, a nivel práctico, a "demoler" la fortaleza del humanismo en nuestro sistema educativo?[7]

1. Estar informado. Saber lo que se les está enseñando a los alumnos en cada nivel en las escuelas de su zona.

2. Obtener una lista de maestros, ver el programa de estudios que se enseña, y descubrir cuál es la filosofía de enseñanza del sistema escolar.

3. Ir a la biblioteca y ver qué material de lectura se proporciona a los alumnos.

4. Encontrar un grupo de alumnos cristianos interesados y alentarlos a formar un grupo de oración en la escuela. Acérquese todo lo que pueda al lugar y ore. Interceda para que Dios ponga a otros en su camino para unirse a usted en oración.

5. Al igual que Daniel, arrepentirse de los pecados de la escuela a la que asisten sus hijos o que sus impuestos financia (ver Daniel 9:8–15).

6. Preguntar a Dios si debería usted ayunar. Yo sugiero hacerlo.[8]

7. Hacer una lista de los puntos de los *Manifiestos Humanistas I, II* y *III*, y pedir a Dios que revierta esas estrategias que han sido establecidas en sus escuelas. Algunas de ellas serían:
   • La enseñanza de la evolución.
   • La creencia en que Dios no es un Dios que oye la oración.
   • El respaldo de la promiscuidad sexual.

8. En último lugar, aunque sin duda no menos importante, ayunar y orar para que Dios envíe un poderoso avivamiento entre los alumnos.

Esta es solamente una lista parcial. Que el Señor le guíe en su oración, y él rellenará cualquier otro punto que se relacione más directamente con su zona.

Arquitectura

Cuando enseñaba en una iglesia en Phoenix, Arizona, compartí acerca del *Manifiesto Humanista* y los devastadores resultados espirituales que ha tenido en nuestros sistemas escolares. Durante aquel tiempo también tuve una revelación de que el Señor usaría a los graduados de varias universidades, como en Música, Arquitectura, etc., para regresar a sus campus a orar e interceder para que Dios lleve el avivamiento a esas escuelas. Entonces, mediante legislar la voluntad de Dios en esas escuelas, Dios liberaría las mentes de los alumnos para que estuvieran abiertas a conocer la verdad bíblica, y hasta tener hambre de ella y buscarla.

Al haber vivido en Arizona cuando era niña, recordé que el famoso arquitecto Frank Lloyd Wright había vivido en aquella zona. Al estudiar sobre su vida, descubrí que él creía en el amor libre y que sentía que "estaba por encima de las normales convenciones sociales". Tuvo aventuras amorosas mientras estaba casado y viajaba entre Wisconsin y Scotsdale, Arizona, cada año con un grupo de treinta o más alumnos.

Hay un dicho que significa que aquello que se planta a lo largo de una vida afecta a la esfera particular que uno influencia. Las raíces impías de Wright afectaron a las escuelas de arquitectura que él fundó. La parte "impía" necesita arrepentimiento, a fin de que la buena enseñanza sobre cómo desarrollar hermosos planes para edificios pueda ser liberada.

En la Biblia, Nimrod fue un constructor que hizo impíamente. Israel necesitaba arrepentirse de su impiedad para volver a tener favor delante de Dios. Necesitamos arrepentirnos de pecados pasados y orar para que Dios libere rectitud en la enseñanza de la arquitectura en la actualidad.

La industria del entretenimiento

No puede haber duda de que esta industria puede ser un importante moldeador de mentes, ya sea para el bien o para el mal. Los medios de comunicación son, sin duda alguna, uno de los principales influenciadores de la cultura en todo el mundo. Ha habido mucha oración en Hollywood de grupos como el llamado Hollywood Transformation Group (Grupo para la transformación de Hollywood). Yo he participado personalmente en reuniones de oración en importantes estudios de Hollywood.

Ha habido un plan sistemático por parte de la comunidad espiritual para infiltrarse en Hollywood. Los siguientes son algunos de los puntos del *Manifiesto Homosexual*:[9]

Escribiremos poemas de amor entre hombres; representaremos obras teatrales en las cuales el hombre acaricie abiertamente a otro hombre; haremos películas sobre el amor entre hombres heroicos que sustituirán a los encaprichamientos heterosexuales baratos, superficiales, sentimentales, insípidos y juveniles que actualmente dominan las pantallas de los cines.

Además, también afirma que todas las leyes que prohíben la actividad homosexual serán revocadas. Sus escritores y artistas han decidido que esté de moda hacer el amor entre hombre, y podrían muy bien tener éxito porque son expertos en establecer estilos. También afirma que la unidad familiar será eliminada.

Si mira usted hoy día Hollywood y el cine, observará que casi todas las películas y obras teatrales muestran al menos a un homosexual bajo cierto tipo de luz positiva, con frecuencia como el amigo ingenioso de amigos heterosexuales. Esto ha causado que la gente no sea sensible a la homosexualidad, exactamente lo que se había planeado.

Aunque nunca queremos que se realicen actos de violencia contra ningún miembro de la sociedad, debemos estar dispuestos a ponernos en pie y decir que las ideas presentadas en el *The Homosexual Manifesto* (El manifiesto homosexual) son pecaminosas y pervertidas. (Ver, por ejemplo, lo que dice Romanos 1:24–27 sobre la homosexualidad).

Da que pensar el decir que hay naciones en la actualidad donde pastores pueden ir a la cárcel si hablan abiertamente contra la homosexualidad desde el púlpito. Sin embargo, debemos estar dispuestos a hacer precisamente eso aunque signifique ser encarcelados.

Necesitamos interceder por Hollywood y la comunidad homosexual, porque la homosexualidad ha llegado a entrelazarse con el arte a todos los niveles. El Señor quiere tocar a quienes son estrellas ante los ojos del mundo a fin de que tengan una buena influencia.

Debe hacerse intercesión por quienes están en la prensa y la comunicación, porque lo que sale a las ondas toca a millones de personas en todo el mundo; afecta lo que piensan y sienten, lo que se ponen y los actos de culturas y sociedades.

En un tiempo la Iglesia había influenciado piadosamente la industria del cine; hasta había un código de producción que fue fortalecido y reforzado por el grupo Catholic Legion of Decency (Legión de decencia católica), el cual designaba las películas "indecentes" que los católicos deberían boicotear. Hollywood escogió eso en lugar de la censura del gobierno. Comenzó como el Código Hays y fue adoptado en el año 1930 y abandonado en 1967 a favor de la catalogación de la MPAA (Productores y distribuidores de películas).

Los tres "principios generales" del Código Hays eran:

1. No se producirá ninguna película que baje los estándares morales de quienes la vean. De ahí, nunca debería inclinarse la identificación de la audiencia hacia el lado del crimen, el delito, la maldad o el pecado.
2. Se presentarán correctos estándares de vida, sujetos solamente a los requisitos del drama y el entretenimiento.
3. La ley, natural o humana, no será ridiculizada, ni se creará compasión por su violación.

Los siguientes son algunos otros puntos:

- Estaban prohibidos la desnudez y los bailes sugerentes.
- Ridiculizar la religión estaba prohibido, y los ministros de la religión no debían ser representados como personajes cómicos o villanos.

- La representación de uso de drogas ilegales estaba prohibida, al igual que el uso del licor "cuando no era requerido por la trama" o por la adecuada caracterización.
- Estaban prohibidas las referencias a la "perversión sexual" (como la homosexualidad) y a las enfermedades venéreas.
- No debían introducirse "escenas de pasión" cuando no era esencial para la trama.[10]

¿Qué le sucedió a ese sistema? En primer lugar, los cristianos ya no prestaron atención a la Legión de la Decencia y no boicotearon las películas que estaban calificadas como "indecentes". Los productores comenzaron a pasarlos por alto y descubrieron que, aun así, podían seguir haciendo dinero. La Iglesia perdió su voz.

No puede haber un área más crítica en la que los intercesores se enfoquen en la oración que Hollywood y los medios de comunicación. También necesitamos interceder por los cristianos que trabajan diligentemente para cambiar esta área de influencia.

Muchas naciones del mundo tienen sus propias industrias del cine, y hay una gran necesidad de mapear espiritualmente sus raíces y desarrollar estrategias de oración para tomar dominio en las alturas sobre esos moldeadores de la sociedad. Todos queremos ver la voluntad de Dios hecha en la tierra como en el cielo, y tener como objetivo esas áreas es una manera de ver que eso suceda.

Nos corresponde a nosotros

Yo creo que Dios está levantando un poderoso ejército de intercesores de todas las edades que entregarán sus vidas a orar para que Dios cambie los lugares donde viven y los transforme en santos lugares de paz, rectitud y gozo. ¿Será usted uno de ellos?

Capítulo 10

Costosa gracia

El conflicto en el corazón de Dietrich Bonhoeffer debió de haber sido tremendo cuando se subió al avión de regreso a Alemania desde los Estados Unidos en julio de 1939. Toda su vida se había preparado como teólogo, había pasado sus días estudiando las Escrituras, y amaba a Dios con todo su corazón.

Solamente un mes antes Dietrich había dejado su Alemania natal para irse a Estados Unidos, planeando no regresar hasta después de la guerra. ¿Qué estaba haciendo al regresar tan pronto? Los nazis habían tomado su país y estaban destruyéndolo con sus falsas ideologías. Yo solo puedo imaginar las varias palabras contradictorias de consejo que debieron de haber pasado por su mente y su corazón aquel día. Tenía apenas treinta y tres años de edad, con toda la vida por delante.

Una convicción decisiva impulsó a Dietrich hacia su destino como una voz para la salvación de su nación. Él le escribió a su amigo y colega pastor Reinhold Niebuhr antes de abandonar Estados Unidos:

> No tendré derecho a participar en la reconstrucción de la vida cristiana en Alemania después de la guerra si no comparto las pruebas de este tiempo con mi pueblo… Los cristianos en Alemania afrontarán la terrible alternativa de desear la derrota de su nación a fin de que la civilización cristiana pueda sobrevivir, o de desear la victoria de su nación y, por medio de eso, destruir nuestra civilización. Yo sé cuál de esas alternativas debo escoger, pero no puedo hacer esa elección en seguridad.[1]

Dietrich provenía de una larga línea de personas que se mantuvieron en contra del status quo por causa del Reino de Dios. Yo creo que Dios da bendición y fortaleza generacionales que producen un fuerte legado para los propósitos del Señor en momentos de crisis. Este fue el caso con Dietrich Bonhoeffer.

Él ya había salido a las ondas radiales, en 1933, para advertir contra los peligros de servir a un líder inmoral. Dejó la Iglesia luterana y ayudó a formar la Iglesia Confesante como respuesta al tradicional apoyo de las iglesias a los nazis. Esta iglesia protestaba contra lo que ellos denominaban "el púlpito nazificado, la vida cristiana nazificada y el clero nazificado". Un amigo de Bonhoeffer, Eberhard Bethge, lo expresó del siguiente modo:

No interpretamos nuestra decisión como una elección entre Cristo y Hitler, entre la cruz y la esvástica, y ciertamente no una decisión entre democracia y un régimen totalitario. Más bien entendimos el problema como uno entre un Cristo bíblico y un Cristo teutónico-heroico, entre la cruz de los Evangelios y una formada por la esvástica.[2]

Cambiar la marea de la maldad

Un grupo íntimo de amigos y familia estuvo al lado de Dietrich contra una marea aparentemente imposible de maldad que llegaba contra su nación. El engaño en cuanto a las verdaderas intenciones de las políticas y programas de Hitler era galopante, y en aquella época el mundo tanto dentro como fuera de Alemania sentía que Hitler no podía ser detenido.

Al ser un maestro de la Biblia, parte de la resistencia de Bonhoeffer fue dar instrucción por medio de la Palabra de Dios: la verdad que hace libres a los hombres y las mujeres. Él formaba ministros en Finkenwalde. Los nazis declararon ilegal el seminario en el año 1937. No es extraño que Dietrich huyera a Estados Unidos para utilizar su don. Sin embargo, su decisión catalizadora de regresar a su hogar se formuló desde algo profundo en su corazón: él quería que su país fuese libre de la tiranía.[3]

Menos de un año antes de huir a Estados Unidos, fue a ver la destrucción de sinagogas alemanas y hogares y negocios judíos después de *Kristallnacht* ("la noche de los cristales rotos"), los días 9 y10 de noviembre de 1938. Fue una noche de revueltas por toda Alemania y en partes de Austria, atacando a los judíos, reventando los escaparates de sus tiendas, y quemando sus lugares santos. Bonhoeffer fue donde la violencia había sido más fuerte en Berlín a pesar de que los nazis hubieran prohibido ir allí. Después de eso él trabajó sin descanso para sacar ocultamente a judíos del país.

Tras su regreso de los Estados Unidos, Dietrich milagrosamente obtuvo un empleo como agente en la inteligencia militar, y mediante ese empleo pudo viajar y tratar de conseguir apoyo para la causa para derrocar al régimen de Hitler. Él fue parte de una trama fallida para asesinar a Hitler junto con cierto número de otros altos oficiales nazis.

Dietrich fue arrestado junto con su hermana Christel y su esposo, Hans von Dohnanyi, el día 5 de abril de 1943, en casa de sus padres. Finalmente, su hermano Klaus y el esposo de otra hermana, Rüdiger Schleicher, también fueron arrestados. En el momento de su arresto, Dietrich estaba comprometido para casarse, así que eso debió de haber sido especialmente difícil para su prometida. Al final, nunca llegarían a casarse.

Lo que Satanás dispuso para mal, Dios lo hizo obrar para bien, ya que Dietrich escribió unas diez mil páginas mientras estaba en la cárcel. Sus cartas fueron pasadas de contrabando mediante amigos y guardas. Aunque yo no respaldo todos sus puntos teológicos, él es un poderoso ejemplo de un reformador. Cuando estaba en la cárcel constantemente animaba a los demás prisioneros y ministraba gracia a todos aquellos con quienes tenía contacto, hasta a sus carceleros. Pasó sus últimos días en la tierra ministrando consuelo y comunión a otros.

Al final, Dietrich Bonhoeffer fue sentenciado a ser colgado. Tenía treinta nueve años. No solamente él fue ejecutado, sino también su hermano Klaus y los esposos de sus hermanas; un inmenso golpe para toda la familia.

El día 9 de abril de 1945 es un día que será recordado como una sonora llamada a resistir la injusticia. Aquel fue el día en que Dietrich habló a los testigos de su ejecución: "Este es el final para mí, el comienzo de la vida". Los Aliados liberaron Flossenburg, el campo de concentración que fue su lugar final de encarcelamiento, solamente unos días después de su muerte.

Costosa gracia

Se ha dicho que la sangre de los mártires es la semilla de la Iglesia. Bonhoeffer llamó a aquello en que creía *costosa gracia*. En sus propias palabras: "La gracia barata es la mortal enemiga de nuestra Iglesia. Actualmente luchamos por la costosa gracia".[4]

Permítame decir enseguida que no estoy defendiendo la salvación por ninguna otra cosa sino solo por gracia. Sin embargo, ya que nuestra gracia le costó todo a Cristo, necesitamos estar dispuestos a entregarle a Él todo por causa de la justicia. Seguir a Cristo es costoso en términos de reputación, dinero, tiempo y nuestra manera de vivir la vida. Dios miró al pecado del mundo y le entristeció. Así debería entristecernos ver nuestra sociedad y nuestra nación atadas con leyes y actos que son pecado.

La Iglesia visible

El papel en que Bonhoeffer se veía a sí mismo surgía de su creencia en la *Iglesia* visible en oposición a la Iglesia que no tiene nada que ver con lo que esté sucediendo con respecto al gobierno y sus actos. Históricamente en los Estados Unidos, los pastores han estado muy implicados en la política de nuestra nación, hasta el punto de predicar sermones de "Día de elecciones". Quienes se presentaban a los cargos asistían a la iglesia para oír lo que Dios y la Biblia decían acerca de los problemas actuales de la época. Era el papel de los pastores mantener a la nación en un camino bíblico.

Durante la Revolución Norteamericana, los pastores hasta se bajaron de los púlpitos para formar lo que se conoció como "el regimiento negro". Se les llamaba así debido a las ropas pastorales de color negro que llevaban en aquella época. Los pastores realmente conducían a sus congregaciones a batallar contra lo que sentían que era la injusticia de la corona de Inglaterra. Uno de esos pastores fue Peter Muhlenberg.

Muhlenberg batalló con si un pastor debería implicarse en política; luego consideró lo que dice la Biblia acerca de que hay tiempo de paz y tiempo de guerra (ver Eclesiastés 3:1–11). Después de predicar un ardiente mensaje sobre ese tema, clamó: "Es momento de luchar por esas libertades que tanto atesoramos. ¡Es tiempo de guerra!".

Estoy segura que hubo suspiros contenidos por parte de miembros de la iglesia cuando él procedió a quitarse su túnica y estar delante de su congregación llevando puesto el uniforme completo de un oficial de la milicia continental. Marchó hasta la parte trasera de la iglesia, declarando a todos: "Si no escogen implicarse, si no luchan para proteger sus libertades, ¡pronto no habrá libertades que proteger!".[5]

Justamente fuera de la iglesia esperaban tambores del ejército. Al mandato de Muhlenberg, comenzaron a tocar el llamado para los reclutas. La convicción de Dios cayó sobre los hombres de la congregación. Uno a uno se levantaron de sus bancas y se pusieron junto a los tambores. Unos trescientos hombres de la iglesia se unieron a su pastor aquel día para luchar por la libertad.

Hoy día yo creo que Dios está levantando un ejército entre el cuerpo de Cristo que permanecerá ante la oposición a la verdad bíblica en sus naciones. Necesitamos pastores y líderes que "se quiten sus túnicas clericales" —tanto en el púlpito como fuera de él— y sean una voz por la justicia en la tierra.

La rebelión de la incredulidad

A lo largo de las eras, ha habido teólogos que, en lugar de ayudar a sanar sus naciones, lo han evitado por medio de derribar la validez de la Palabra de Dios como el estándar de verdad. Uno de esos hombres fue Julius Wellhausen. Antes de surgir en la escena, había poca duda en las mentes del público general de que la Escritura era la verdad *inerrante* y absoluta de Dios.

Wellhausen comenzó toda una nueva línea de pensamiento denominado *crítica mayor*. En 1883, publicó un libro que enseñaba que los primeros cinco libros del Antiguo Testamento eran una combinación del trabajo de muchos autores en lugar de ser de Moisés bajo inspiración divina. Hasta aquel tiempo el pensamiento general entre los creyentes —incluso naciones— era que podían confiar en la Biblia para obtener respuestas sobre cómo vivir sus vidas. Esta enseñanza resquebrajó la base de la creencia en que Dios es el Creador y Gobernador del universo y, como tal, merece ser obedecido. Para muchos, la Biblia se convirtió en un libro más. Al no considerarla ya revelación divina y la ley de Dios, era un libro de buenas ideas y escritos morales históricos.

En el siglo XVI, el llamamiento de Lutero: "El justo vivirá por la fe" era un punto alto del cristianismo en Alemania, pero Satanás contraatacó con un triple palo: la crítica mayor de Wellhausen, la teoría de la evolución de Darwin y el marxismo. Esos palos dieron un profundo golpe societal al mundo moderno. Si no podía confiarse en la Biblia como Palabra de Dios, como proponía Wellhausen, entonces quizá Darwin tuviera razón. Si Darwin tenía razón, entonces quizá no hubiera un Dios, después de todo, y Marx tenía razón en que la religión (el cristianismo, por ejemplo) era meramente "el opio del pueblo".

La mayoría de universidades, el menos en Estados Unidos, que fueron fundadas para glorificar a Dios, como Harvard, Princeton y Yale son ahora bastiones de liberalismo religioso y humanismo secular. Yo he visitado campus donde las campanas de las capillas que solían repicar un llamado temprano en la mañana a la oración ahora se utilizan para la meditación budista. La vieja universidad de Chicago fue fundada como un lugar para formar ministros y evangelistas. Hoy día la Escuela de Teología de la universidad de Chicago enseña religiones del mundo, y el cristianismo es solamente una entre muchas otras de igual valor.

La gran separación

En Estados Unidos en el siglo XX, se desarrolló una inmensa grieta entre el liberalismo y la verdad bíblica. Los liberales (que se llaman a sí mismos "modernistas") se unieron con Wellhausen, Darwin y Marx, formando apresuradamente una perspectiva que finalmente negaba los puntos fundamentales de la histórica fe cristiana. Ellos querían la ética y la justicia social de Jesús, pero no querían la doctrina del cristianismo.

Mientras tanto, los evangélicos conservadores (a quienes los liberales llaman "fundamentalistas") se unieron al clamor de la Reforma: "El justo vivirá por la fe", y defendieron la justicia una y otra vez. Sin embargo, los liberales continuaron insistiendo en la justicia basada en convicciones sociales en lugar de en la rectitud. Mientras que la mayoría de evangélicos siguen manteniendo brillante la luz de Jesucristo en el área de predicar la salvación, muchos ya no consideran su obligación cristiana llevar esa gracia salvadora más lejos de las cuatro paredes de su iglesia. En su mayor parte ellos optaron por no hacer nada en cuanto al movimiento de derechos civiles, permanecieron en silencio respecto al abuso doméstico, y se apresuraron a alejarse a los barrios residenciales.

Este vacío lo ha llenado la fundación de clínicas para mujeres maltratadas por parte de feministas y la ayuda a los pobres por parte de los homosexuales. Las "buenas obras" de nuestras ciudades con frecuencia las realizan grupos que social y políticamente están en contra de lo que dice la Palabra de Dios.

Dejad a los niños venir

Quizá una de las razones de que los sistemas de servicio social del mundo estén yendo a la bancarrota sea que la Iglesia ha renunciado a su papel a la hora de cuidar de los pobres y necesitados. Aquí en los Estados Unidos tenemos un programa de acogida para niños de familias con problemas. Cuando tienen dieciocho años de edad, esos niños salen del programa y se enfrentan al mundo. Con frecuencia viven hasta en cinco o seis casas a lo largo del tiempo, y muchos sufren algún tipo de abuso. Es momento de que la Iglesia se implique en esos tipos de programas.

Otra área en la cual la Iglesia podría ayudar es la adopción. El día 7 de julio de 2007 se realizó un Día Juvenil de Oración en los Estados Unidos llamado *The Call Nashville*. Uno de los oradores desafió a las personas a estar dispuestas a adoptar niños nacidos de madres que abusan de las drogas.

Como respuesta, una pareja de caucasianos pasó al frente llevando en sus brazos a un hermoso niño afroamericano caucasiano de cuatro años de edad. Ellos relataron la historia de cómo habían tenido un bebé que nació muerto al final del embarazo. En aquella época ellos trabajaban para una clínica pro vida, y una joven que decidió no abortar les entregó a su bebé para que lo criaran. Al haber perdido tan recientemente a su propio bebé, la madre adoptiva aún tenía leche y pudo criar ella misma al bebé.

Yo creo que este es un cuadro profético para nuestra generación. Dios nos da, a su Iglesia, la oportunidad de rescatar a algunos de la siguiente generación que espera nacer mediante nuestra disposición a abrir nuestros hogares y adoptar hijos. Con todo mi corazón sé que Dios va a requerir que miembros de iglesias que piensen que están más allá del punto de criar a un hijo estén dispuestos a adoptar niños que otras personas planearon abortar. Necesitamos demostrar, no solo con nuestras palabras, sino también con nuestras obras, que queremos seriamente unir la rectitud y la justicia en nuestra tierra.

Este tipo de acto es costoso, pero Jesús pagó un costoso precio para que nosotros pudiéramos obtener gracia. Necesitamos pensar seriamente sobre el mensaje que se nos dio mediante el ejemplo de Cristo: "Dejad a los niños venir a mí" (Mateo 19:14). Podemos activamente marcar una diferencia en nuestra cultura. La Nueva Versión Internacional lo expresa así:

> Por lo tanto, hermanos, tomando en cuenta la misericordia de Dios, les ruego que cada uno de ustedes, en adoración espiritual, ofrezca su cuerpo como sacrificio vivo, santo y agradable a Dios. No se amolden al mundo actual, sino sean transformados mediante la renovación de su mente. Así podrán comprobar cuál es la voluntad de Dios, buena, agradable y perfecta.
>
> Romanos 12:1–2

Las siguientes son algunas cosas que puede usted hacer para marcar una diferencia:

1. Pregunte a Dios a quién puede ayudar personalmente.
2. No permanezca en silencio cuando las cosas están mal y ve que las leyes de Dios son quebrantadas en su cultura.

3. El mundo tratará de que se conforme usted a su molde; ¡no lo permita!

4. Estudie la Palabra de Dios con diligencia y regularidad.

Es crítico que regresemos a la enseñanza de la Palabra de Dios en todas las áreas de la vida. Estamos tan influenciados por nuestra cultura que algunos cristianos no ven nada de malo en intercambiar parejas sexuales. En las universidades lo llaman "transmisión", y muchas veces ni siquiera conocen el nombre de la pareja. Hay una desesperada necesidad de enseñanza para derribar la ética de la situación que ha penetrado en cada parte de nuestras vidas.

En lugar de un evangelio social sin leyes, necesitamos enseñar el bien y el mal y estar dispuestos a llamar pecado al pecado. La santidad necesita ser el tema del momento a fin de que el temor del Señor y la sabiduría que viene con él vuelvan a caer sobre nuestras naciones.

Hay vislumbres de esperanza por todas nuestras universidades. Una de las más emocionantes son los movimientos 24/7 que están surgiendo en todo el mundo, donde jóvenes oran por los enfermos y liberan lo milagroso en universidad tras universidad. En este momento conozco al menos setenta universidades en Estados Unidos que tienen grupos 24 horas los 7 días funcionando.

Avance sobrenatural

Lo sobrenatural derriba todos los argumentos naturales contra la existencia de Dios. Cuando alguien tiene una enfermedad terminal y Dios lo sana por completo, esa persona sabe que Él es real. El poder de Dios derriba la fortaleza del humanismo cada vez. El poder de Dios triunfa sobre la tenaza de Satanás en la cultura como ninguna otra cosa lo hará.

Jaeson Ma escribe en su libro *The Blueprint* (La huella) sobre un encuentro en el campus de la universidad de California, Los Ángeles (UCLA), donde un hermano de fraternidad milagrosamente comenzó a caminar sin muletas delante de una multitud de observadores después de que un grupo de alumnos hubiera orado por él. Muchos lloraban ante aquella escena. La presencia sanadora de

Dios era tan fuerte que la gente estaba asombrada ante el poder de Dios que se manifestó allí mismo, en las instalaciones de la escuela.[6]

Es importante observar aquí que parte de discipular a naciones incluye liberar el poder sobrenatural de Dios. Recuerde que la comisión que Jesús nos dio antes de ascender al cielo no puede encontrarse solamente en Mateo 28:19–20. La segunda parte de nuestra misión de discipulado viene mediante la capacitación dada por medio de la visitación del Espíritu Santo en Pentecostés. Veamos cómo Marcos completa la Gran Comisión en su Evangelio:

> Y les dijo: Id por todo el mundo y predicad el evangelio a toda criatura. El que creyere y fuere bautizado, será salvo; mas el que no creyere, será condenado. Y estas señales seguirán a los que creen: En mi nombre echarán fuera demonios; hablarán nuevas lenguas; tomarán en las manos serpientes, y si bebieren cosa mortífera, no les hará daño; sobre los enfermos pondrán sus manos, y sanarán.
>
> Marcos 16:15–18

Las señales y maravillas sobrepasan el intelecto humanista y revelan a Dios de una manera en que ninguna otra cosa lo hará. Cuando oremos por homosexuales que se están muriendo de SIDA y sean sanados, ellos sabrán que el Dios de la Biblia es el verdadero Dios. Aún los ateos acérrimos, cuando se ven carcomidos por el cáncer, están abiertos a la idea de un Salvador amoroso que puede sanar sus cuerpos.

Si le permitimos a Él que nos guíe en oración y oramos tal como Él nos indique, se producirán milagros en negocios y escuelas en todos los países, como resultado de un evangelismo del tipo del libro de Hechos. Si tenemos redes preparadas para la cosecha por medio de nuestras congregaciones locales, se producirá una enorme multiplicación del Reino.

Mi buen amigo Ed Silvoso destaca que la Iglesia fue multiplicada después de Pentecostés. Eso dio como resultado que una ciudad entera fuera llena del mensaje de Jesucristo (ver Hechos 4:16).Dios literalmente nos dio el poder de discipular naciones mediante medios sobrenaturales. Los milagros nos proporcionan un reformador testigo de la verdad de que solo Jesús es "el camino, la verdad y la vida" (Juan 14:6). Necesitamos ser mucho más proactivos a la hora de llevar milagros a las calles para cambiar nuestras ciudades por causa de la justicia.

Como mencioné anteriormente, en 1967, Estados Unidos experimentó "el verano del amor". Llegó gente a San Francisco desde todo el mundo para practicar sexo libre y drogarse. Esa generación liberó una cultura edificada en las drogas; se escribió música psicodélica bajo la influencia de drogas psicodélicas.

Aproximadamente en la miszma época en California, hubo algo llamado el Movimiento de Jesús, y muchos entraron al Reino de Dios; miles fueron salvos durante aquella época. Los jóvenes eran bautizados en el océano, y personas como yo eran denominadas "gente de Jesús" o "locos por Jesús". Nuestro lema era: "Jesús es EL CAMINO".

Amábamos a Dios de manera radical y apasionada; sin embargo, de algún modo ese mover de Dios nunca penetró realmente en la sociedad.

Hoy día estamos en las primeras etapas de otro movimiento de Jesús, con evangelismo y milagros produciéndose en universidades. Es crítico que mezclemos este nuevo mover de Dios con el mensaje de la reforma y levantemos una nueva generación de voces por la justicia. Necesitamos desesperadamente un movimiento contracultural de revolución santa para romper con el posmodernismo.

Quiero que sepa que mientras escribía este libro, mientras tecleaba línea tras línea, ha habido una oración en mi corazón:

Señor, utiliza este libro para levantar una nueva generación de reformadores que sean contraculturales. Dios Padre, ¡necesitamos personas revolucionariamente santas que sean sal y luz en sus comunidades y naciones! Oh Dios, comienza un movimiento de santidad, ¡utilizando este libro!

Es mi oración que este mensaje salga de estas páginas, no solamente por lo que yo he escrito sino por la obra del Espíritu Santo, avivando su corazón para que sea usted un agente de cambio para el Reino de Dios.

Una nueva reforma

Nuestros tiempos requieren una nueva reforma, no como la antigua que llamaba a la reforma solamente de la Iglesia (aunque hay aspectos de la Iglesia que aún necesitan convertirse en "vino nuevo"), sino una reforma societal añadida a la mezcla.

Charles Finney, el gran abogado convertido en avivador que murió en el año 1875, entendió que todos los aspectos de la sociedad tenían que ser cambiados a fin de que se produjera el avivamiento. En su libro, *Freemasonry* (Masonería) habla acerca de la falsedad de esta orden secreta. Se dice que él hasta tenía a masones que pasaban al altar y se arrepentían de su participación en el grupo. Eso produjo como resultado que muchas de sus logias se cerraran.

Al haber sido masón anteriormente, Finney escribe sobre el juramento que ellos hacen, en el cual juran sobre lo que les sucedería si alguna vez le cuentan a un extraño los secretos de la masonería:

> Situándome a mí mismo bajo no menos castigo que me corten la garganta, que me arranquen la lengua, y que mi cuerpo sea enterrado en las duras arenas del mar cuando la marca del agua está baja, donde la marea sube y baja dos veces en veinticuatro horas.[7]

Finney consideraba eso no menos que idólatra, y sentía que era imposible ser a la vez masón y cristiano. Este gran avivador no tuvo temor de hablar contra la maldad en la sociedad de su época a pesar de las posibles recriminaciones. Finney escribió en su libro que William Morgan, que trataba de dejar al descubierto la masonería, fue ahogado por revelar lo que sucedía en secreto.

Francis A. Schaeffer dice en su libro *A Christian Manifesto* (Un manifiesto cristiano) que nuestra cultura, sociedad, gobierno y leyes están en el estado que están *porque la Iglesia ha abandonado su obligación de ser la sal de la cultura.*[8]

Como presidente de Oberlin College, Finney también adoptó una firme postura contra la esclavitud. Oberlin era una parada en el Underground Railroad, y un fuerte guerrero en la lucha contra la esclavitud en nuestra sociedad. De hecho, cuando era aún pastor en Nueva York, Finney se negó a permitir que los dueños de esclavos tomaran la Comunión porque consideraba que poseer esclavos era vivir en pecado. Tanto él como el fundador de la universidad Wheaton en Massachussetts, el juez Laban Wheaton, creían en la desobediencia civil, cuando era necesario, para cambiar una nación.

Desobediencia civil: el llamado al activismo moral

¿Qué querían decir ellos con desobediencia civil? Significaba que cuando las leyes de la nación se oponen a las leyes de Dios, debiéramos obedecer a Dios y no a los hombres. Hechos 5:29 dice: "Es necesario obedecer a Dios antes que a los hombres". Me gustan esas palabras: "Es necesario". Implica que *tenemos que, debemos, no podemos pasar sin ello ni hacer nada menos en nuestra vida que obedecer a Dios en cada parte de nuestro modo de pensar y de actuar en la sociedad.*

¿Qué significa eso a un nivel personal? Significa que en asuntos morales, como el aborto, la eutanasia y la promiscuidad sexual en nuestra sociedad y en la industria del entretenimiento, necesitamos hablar con voz alta y clara. Necesitamos votar según nuestras convicciones en las elecciones nacionales, estatales y locales, hablar por la justicia y la rectitud, y ser proactivos de todas las maneras posibles. Lo fundamental es esto:

Es momento del activismo moral. Debiéramos obedecer a Dios y no a los hombres. *Es necesario* que, como cristianos, lo hagamos.

Hay veces en el curso de nuestras vidas en que vemos una maldad y no solamente debemos hablar contra ella, sino también realizar algún acto moral para mostrar públicamente nuestro desagrado. Este es el caso para la desobediencia civil. Cuando podemos enmendar un mal, no debemos buscar que otra persona haga algo; *nosotros* necesitamos hacer algo.

La marcha en Washington

La desobediencia civil ha moldeado la historia de los Estados Unidos. Una joven cuáquera llamada Alice Paul condujo una de las primeras marchas en Washington. Fue arrestada tres veces, encarcelada, e hizo huelgas de hambre; todo para luchar por una enmienda constitucional que permitiera votar a las mujeres. Los sufragistas marcharon en Washington para mostrar su reivindicación el Día de Investidura, día 3 de marzo de 1913. La marcha estuvo notablemente bien organizada, con los colores del arco iris asignados a mujeres de muy diversos tipos. Por ejemplo, las mujeres artistas llevaban varios tonos de rojo. Los asalariados marcharon juntos, al igual que granjeros y constructores. La marcha tampoco estaba segregada, algo impensable en aquel día y época. Todo un grupo de mujeres afroamericanas de la universidad Howard en Washington D.C. marcharon juntas como grupo, y otras estaban dispersas entre la multitud.

Finalmente, el día 4 de julio de 1919, el Congreso aprobó la enmienda para otorgar a las mujeres el derecho al voto. Fue ratificada en 1920, y aquel año las mujeres votaron en unas elecciones presidenciales por primera vez.

Rosa Parks se negó a irse a la parte trasera de un autobús en Montgomery, Alabama, y fue a la cárcel por ello. Eso condujo a otras marchas en Washington, D.C., para luchar contra el racismo y la segregación. El movimiento se denominó "una revolución moral por empleos y libertad". Probablemente, el discurso más famoso de esas marchas tuvo lugar el 28 de agosto de 1963, y fue dado por el fogoso predicador Martin Luther King Jr. En él decía:

> Les digo hoy, mis amigos, aun cuando nos enfrentamos a las dificultades del presente y del mañana, que sigo teniendo un sueño. Es un sueño profundamente arraigado en el sueño americano.
>
> Tengo un sueño de que un día esta nación se levantará y practicará el verdadero significado de su credo: "Mantenemos estas verdades patentes que todos los hombres son creados iguales"...

Cuando permitamos que la libertad resuene, cuando dejemos que resuene desde cada pueblo y cada aldea, desde cada estado y cada ciudad, podremos acelerar ese día en que todos los hijos de Dios, hombres negros y blancos, judíos y gentiles, protestantes y católicos, puedan unir sus manos y cantar con las palabras del viejo espiritual negro: "¡libres al fin! ¡libres al fin! Gracias al Dios Todopoderoso, ¡somos libres al fin!".[9]

¿Tiene usted un sueño dado por Dios? Puede hacer un cambio para ver la rectitud y la justicia de Dios liberadas en su mundo. El llamado a convertirse en un reformador se trata de vivir su vida cada día de manera que se haga la voluntad de Dios "en la tierra como en el cielo".

El gran desafío para una sociedad liberal basada en el humanismo es que ciudadanos que creen en la Biblia examinen cada uno de sus pensamientos y actos por medio de la Palabra de Dios y vuelvan a ver otra vez los milagros y la presencia de Dios en medio de nosotros. Solamente cuando manifestemos el verdadero amor de Dios en nuestras propias vidas, quienes nos rodean entenderán lo que se están perdiendo sin que la rectitud de Dios gobierne sus vidas.

En los Estados Unidos, Canadá e Inglaterra, al menos tenemos un recuerdo de lo que debería ser una sociedad cristiana, pero ese recuerdo se está desvaneciendo con rapidez. Sin embargo, la luz de Dios es una luz brillante; es más fuerte y más intensa que cualquier oscuridad que Satanás pueda reunir. ¡Es momento de llevar esa luz a nuestra cultura de nuevo y echar fuera la oscuridad!

El toque de trompeta

Al escribir las últimas páginas de este libro, debo confesar que he estado experimentando un torbellino de emociones. A veces las lágrimas han fluido mientras pensaba en la enormidad de la tarea que tenemos a mano para ver la reforma en nuestra nación. Durante mi investigación para este libro, me tropecé con un pequeño librito editado por Bramwell Booth acerca de la vida de su madre, Catherine, quien fundó el Ejército de Salvación con su esposo, William.[10] Varias madrugadas salí de la cama y lloré al leer sus páginas. Uno de los pasajes me sorprendió al leer esbozos de su vida y citas de un elogio escrito por su esposo. Las siguientes son las palabras de los labios de él acerca de su amada esposa, quien murió de cáncer a la edad de setenta y un años:

> Finalmente, ella fue una *guerrera*. Le gustaba la batalla. No era alguien que les dice a otros: "Ve", sino: "deja que *yo* vaya", y cuando había la necesidad, ella gritaba: "¡Yo *iré*!". Nunca supe que se estremeciera hasta que su pobre cuerpo la obligó a hacerse a un lado.[11]

La cobardía, según la opinión de ella, era uno de los pecados más comunes y más sutiles de la época, y no tenía paciencia con quienes no se atrevían a decir no y tenían temor a permanecer solos.

He estado ante la tumba de esta "madre del ejército" con esas y otras palabras de ella haciendo eco en mi corazón. ¿Cobardía? ¡Nunca! No se puede cambiar una nación manteniendo esa postura. Ella aceptó el llamado de Dios que no solamente incluía la salvación de almas, sino que también abordaba los males sociales de su nación. ¿Podemos nosotros hacer menos que eso?

Hace unos años algunos amigos y yo escribimos un documento en el cual nos arrepentíamos del silencio de los estadounidenses cuando el Holocausto diezmó a los judíos en la Alemania nazi. Lo presentamos junto con una guirnalda en el Museo del Holocausto en Washington, D.C. Después de la presentación, hicimos un *tour* juntos por los pasillos del recuerdo.

Cuando llegamos al final del museo, yo leí una afirmación escrita por Martin Niemoeller, que había sido pastor luterano como Dietrich Bonhoeffer en Alemania antes de la Segunda Guerra Mundial:

> Primero llegaron por los socialistas, y yo no hablé porque no era socialista. Luego llegaron por los sindicalistas, y yo no hablé porque no era un sindicalista. Después llegaron por los judíos, y yo no hablé porque no era judío. Luego llegaron por mí, y no quedaba nadie que hablase por mí.

Cuando terminé de leerlo, me quedé paralizada, sintiendo fuertemente al Espíritu Santo decir: "No creas que eso no puede suceder en tu propia nación".

Hay una afirmación atribuida a Edmund Burke: "Lo único necesario para que la maldad triunfe es que los hombres buenos no hagan nada". Este es un momento para que todos nosotros hagamos algo para cambiar nuestras naciones y ver que prevalezca la voluntad de Dios. Si no es así, puede que haya un día en que nos veamos *obligados* a adoptar una postura.

Rod Parsley oyó un toque de trompeta en los Estados Unidos y fundó el Center for Moral Clarity (Centro para la claridad moral). En la introducción de su libro *Silent No More* (No más en silencio) él escribe: "Yo no estaré más en silencio. Debo hablar, y debo hablar ahora. Nuestros tiempos lo demandan. Nuestra historia obliga a ello. Nuestro futuro lo requiere. Y Dios está observando".[12]

Dios está observando, sin duda. Él entiende la costosa gracia y quiere que sus hijos sean iguales a Él. ¿Acaso no hay una causa justa? Debemos responder sí en nuestra generación, no solamente por nosotros mismos sino también por nuestros hijos y quienes vendrán después de ellos. Ellos cuentan con nosotros, y no debemos fallar.

Bibliografía

Barber, Lucy G. *Marching to Washington*. U. California Press, 2002.

Barton, David. *Original Intent*. Wallbuilders Publishing, 1996, 2000.

Bell, James S., Jr., and Tracy Macon Sumner. *The Reformation and Protestantism*. Alpha Books, 2002.

Black, Jim Nelson. *Freefall of the American University*. Thomas Nelson.

Breese, Dave. *Seven Men Who Rule the World From the Grave*. Moody Pub.

Cannistraci, David. *The Gift of Apostle*. Regal Books, 1996.

Colson, Charles, and Nancy Pearcey. *How Now Shall We Live?* Tyndale House Publishers, Inc., 1999.

Fletcher, Joseph F. *Moral Responsibility: Situation Ethics at Work*. Westminster Press.

Goll, Jim W. *The Lost Art of Intercession*. Destiny Image, 1997, 2007.

Grubb, Norman. *Rees Howells: Intercessor*. Christian Literature Crusade, 1952.

Hanser, Richard. *A Noble Treason: The Revolt of the Munich Students Against Hitler*. G.P. Putnam's Sons, 1979.

Junge, Traudl. *Blind Spot: Hitler's Secretary*. DVD, Directed by André Heller and Othmar Schmiderer. Sony Pictures, 2002.

Lugo, Luis E., ed. *Religion, Pluralism, and Public Life*. William B. Eerdmans Pub.

Ma, Jaeson. *The Blueprint*. Regal Books, 2007.

Matrisciana, Caryl, and Roger Oakland. *The Evolution Conspiracy*. Harvest House.

McDowell, Stephen, and Mark Beliles. *Liberating the Nations*. Providence Foundation.

Miller, Darrow L., with Stan Guthrie. *Discipling Nations: The Power of Truth to Transform Cultures*, Youth With A Mission Publishing.

North, Gary. *Honest Money: Biblical Principles of Money and Banking*. Christian Liberty.

Parsley, Rod. *Silent No More*. Charisma House, 2005.

Rose, Tom. *Economics: Principles and Policy From a Christian Perspective*. American Enterprise Publications, 1986.

Rushdoony, Rousas John. *The Institutes of Biblical Law*. Vol. 1. P & R Publishing.

Schaeffer, Francis A. *A Christian Manifesto*. Crossway Books, 1981.

Sheets, Dutch. *Intercessory Prayer: How God Can Use Your Prayers to Move Heaven and Earth*. Regal Books.

Strong, James. *Enhanced Strong's Lexicon*. Woodside Bible Fellowship, 1996.

Toffler, Alvin. *Future Shock*. Random House, 1970.

Wagner, C. Peter. *Confronting the Powers*. Regal Books, 1996.

Weber, Max. *The Protestant Ethic and the Spirit of Capitalism and Other Writings*. Traducido por Peter Baehr and Gordon C. Wells. Penguin Books, 2002.

AGRADECIMIENTOS

Al escribir esta sección del libro, ¡tengo un profundo y casi abrumador sentimiento de gratitud a Dios por ayudarme a terminarlo! ¡Gracias, Señor! También, gracias a los intercesores que oraron por mí cada día, y también al equipo y el personal de Generals International. Gracias a mis pastores, Jim y Becky Hennesy, por su aliento. También quiero reconocer a Ed y Ruth Silvoso por permitirme exponerles mis ideas para que me dieran su opinión.

Gracias a las personas que han vivido conmigo mientras trabajé durante dos años en este tomo: Mike, Daniel, Mary Madison, y el resto de la familia; a mi hermana, Lucy, que oró conmigo a menudo; a mamá, Tom y familia política. Ustedes dieron horas preciosas mientras yo estaba en casa encerrada, ¡escuchando a veces mis quejas sobre lo difícil que era escribir este libro! A Cheryl Sacks, que leyó el manuscrito capítulo a capítulo y me alentó, y a su esposo, Hal, por su apoyo.

Gracias a Kyle Duncan, que sabiamente me permitió que me desahogara y mantuvo su aliento cuando yo "me daba golpes contra la pared" durante el proceso de escritura. Sé que Dios te usó para ayudarme a continuar. Eres un verdadero amigo, y te quiero a ti y a tu familia.

Y al equipo editorial y publicitario en Bethany House y Casa Creación: ustedes son muy pacientes y amables. ¡No es de extrañar que ustedes sean tan exitosos como editores!

Gracias, Rick Killian y Teresa, por las horas de trabajo afilando el manuscrito, comprobando datos, y por sus penetrantes comentarios. Ellen Chalifoux, eres una joya al haber llevado el manuscrito a un nuevo nivel desde allí. Julie, Tim, Dana y otros cuyos nombres puede que yo no conozca: ¡les estoy agradecida! Bayard, gracias por la revisión teológica.

Finalmente, pero no menos importante, gracias a todos los jóvenes reformadores que se sentaron conmigo y dialogaron acerca de la perspectiva. A Bill y Jen Ostan, por decirme que mantuviera el título de *El manifiesto de la reforma*, y a otros por su amor y su aliento. Sé que ustedes cambiarán el mundo.

Cindy Jacobs
Dallas, Texas

Notas

Introducción

1. Ver Marcos 4:19.

Capítulo Uno

1. "Questions and Answers About Germany:—Health Care, Health Issues and Social Welfare: Is Abortion Legal?". *Página web de la Embajada de Alemania: www.germany.info* (2007).

2. "Historical Abortion Statistics, FR Germany," *Johnston's Archive*, updated February 18, 2007, *www.johnstonsarchive.net* (2007).

3. "German Abortion Percentages by State, 1999–2004," *Johnston's Archive, www.johnstonsarchive.net* (2007).

4. "Martin Luther: Passionate Reformer," *Christian History and Biography. www.christianitytoday.com* (2007).

5. Gálatas 1:23.

6. Para un entendimiento más completo del papel intercesor a la hora de sanar naciones, favor de leer mi libro *Possessing the Gates of the Enemy* (Chosen Books).

7. Max Weber, *The Protestant Ethic and the Spirit of Capitalism and Other Writings*, (Penguin Books, 2002).

8. "The White Rose," The Shoah Education Project Web site, *www.shoaheducation.com* (2007).

9. Annette E. Dumbach and Jud Newborn, *Shattering the German Night: The Story of the White Rose* (Little, Brown, and Company, 1986), citado en Vicky Knickerbocker, *Study Guide for Sophie Scholl: The Final Days* (Outreach Coordinator at the Center for Holocaust and Genocide Studies, University of Minnesota, 2006).

10. "The White Rose," The Shoah Education Project Web site.

11. "Battle of Stalingrad," *Wikipedia, the free encyclopedia, http://en.wikipedia.org.*

12. Society of the White Rose, "Leaflets of the Resistance," The Sixth Leaflet, *www.jlrweb.coml* (2007).

13. Jacob G. Hornberger, "The White Rose: A Lesson in Dissent," Jewish Virtual Library, *www.jewishvirtuallibrary.org* (2007).

14. Ibid.

15. Richard Hanser, *A Noble Treason: The Revolt of the Munich Students Against Hitler* (G.P. Putnam's Sons, 1979), 279–80.

16. Hornberger, "The White Rose."

17. Traudl Junge, *Blind Spot: Hitler's Secretary*, DVD, dirigida por André Heller and Othmar Schmiderer (Sony Pictures, 2002).

Capítulo Dos

1. A.K. Curtis, "A Golden Summer," *www.zinzendorf.com* (2007). Este artículo apareció por primera vez en *Glimpses* del instituto Christian History Institute.

2. Jim W. Goll, *The Lost Art of Intercession* (Destiny Image, 1997).

3. "John Huss," *www.greatsite.com* (2007).

4. David L. Brown, "John Huss," *www.logosresourcepages.org*. (2007).

5. "John Huss," *www.greatsite.com* (2007).

6. John Foxe, *Foxe's Book of Martyrs*, *www.everydaycounselor.com* (2007).

7. "Martin Luther," *Wikipedia, the free encyclopedia*, *www.en.wikipedia.org* (2007).

8. C. Peter Wagner, *Confronting the Powers* (Regal Books, 1996).

9. Ibid., 32–33.

10. Gilbert Bilezikian, *Beyond Sex Roles* (Baker, 1985), 214, citado en David Cannistraci, *The Gift of Apostle* (Regal Books, 1996).

Capítulo Tres

1. *Nelson's New King James Version Study Bible* (Thomas Nelson).

2. Me gustaría expresar mi gratitud a Landa Cope, la primera persona a quien oí hablar sobre este concepto de la Escritura de Dios dándole a su pueblo un plan para los sectores de la sociedad. La honro y le doy las gracias por las ideas iniciales que enseñó en Sudáfrica en el congreso World Evangelism (Evangelismo del mundo) y que me pusieron en este camino de descubrimiento.

3. Conocemos este libro de la Ley hoy día como los cinco libros del Antiguo Testamento. Los judíos lo llaman *La Torá*.

4. *New Spirit-Filled Life Bible* (Thomas Nelson, 2002).

Capítulo Cuatro

1. Darrow L. Miller, con Stan Guthrie, *Discipling Nations: The Power of Truth to Transform Cultures*, 2ª edición (Youth With A Mission Publishing, 2001), 25.

2. Paráfrasis de la autora.

3. Alvin Toffler, *Future Shock* (Random House, 1970).

4. "Joseph Fletcher," *Wikipedia: the free encyclopedia*, modificado por última vez el 5 de junio de 2007, *http://en.wikipedia.org* (2007).

5. J.I. Packer, "Situation Ethics," *The Highway*, *www.thehighway.com* (2007). La cita es de Joseph Fletcher's *Situation Ethics: The New Morality* (Westminster Press).

6. Romanos 13:10.

7. Joseph F. Fletcher, *Moral Responsibility: Situation Ethics at Work* (Westminster Press, 1967), 138.

Capítulo Cinco

1. C. Peter Wagner, *The Church in the Workplace* (Regal Books).

2. R.E. Schofield, "The Lunar Society of Birmingham," *Scientific American* 247 (Junio de 1982), citado en Caryl Matrisciana y Roger Oakland, *The Evolution Conspiracy* (Harvest House).

3. Ian T. Taylor, *In the Minds of Men: Darwin and the New World Order* (TFE Publishing, 1984), 55-57, 67, 120, citado en Matrisciana y Oakland, *The Evolution Conspiracy*, 58-59.

4. "Naturalism," *Wikipedia: the free encyclopedia*, *www.en.wikipedia.org*.

5. Dennis Gordon Lindsay, *The ABCs of Evolutionism* (Christ for the Nation's Publishing, 1995), 228–229.

6. Matt Crenson, "On Ancestral Trails: Conflicting Evidence Muddies Path for Scientists Tracking Human Origins," *The Dallas Morning News*, 9 de mayo de 1994, *www.nl.newsbank.com*.

7. Uno de los mejores libros que he encontrado sobre este tema es el de Dave Breese, *Seven Men Who Rule the World From the Grave* (Moody Publishers).

8. *Humanist Manifesto*, American Humanist Society. *www.americanhumanist.org*.

9. *Humanist Manifesto II*, American Humanist Society. *www.americanhumanist.org*.

10. Ibid.

11. Un sistema numerado para colocar y encontrar libros en una biblioteca.

12. Joseph Ratner, *John Dewey's Philosophy* (Modern Library, 1939), 715, citado en Breese, *Seven Men Who Rule the World From the Grave*. (Énfasis de la autora).

13. John Dewey, "My Pedagogic Creed," *The School Journal*, Vol. LIV, No. 3:16 (enero de 1997): 77–80, citado en Jim Nelson Black, *Freefall of the American University* (Thomas Nelson Publishers, 2004), 85.

14. Charlotte Thomson Iserbyt, *The Deliberate Dumbing Down of America: A Chronological Paper Trail* (Conscience Press, 1999), citado en Black, *Freefall*, 86. (Énfasis de la autora).

15. Chester M. Pierce, Keynote address, The Association for Childhood Education International, Denver, 1972, citado en Black, *Freefall*, 87.

16. "The New England Primer," *Wikipedia, the free encyclopedia*, *www.en.wikipedia.org*.

17. "McGuffey Readers," *Wikipedia, the free encyclopedia*, *www.en.wikipedia.org*).

18. Black, *Freefall*, 192, 193.

Capítulo Seis

1. Francis A. Schaeffer, *A Christian Manifesto* (Crossway Books).
2. Ibid., 100.
3. James Strong, *Enhanced Strong's Lexicon* (Woodside Bible Fellowship).
4. Ibid., #6666, *tsadaqah*.
5. "William Blackstone," *From Revolution to Reconstruction, www.let.rug.nl* (2007).
6. David Barton, *Original Intent* (Wallbuilders Publishing).
7. Ibid., 14.
8. Ibid., 119.
9. Hay algunos estudios magníficos sobre ley bíblica. Algunos de ellos son bastante controvertidos, pero no deberían descartarse sin considerarlos en profundidad, en particular por parte de quienes están en el mundo de las leyes. Uno de ellos es *The Institutes of Biblical Law* by Rousas John Rushdoony.

Capítulo Siete

1. Pueden encontrarse relatos de este discurso online en: *www.brycchancarey.com*.
2. Clifford Hill, *The Wilberforce Connection* (Monarch Books).
3. Michael Hennell, *John Venn and the Clapham Sect* (Lutterworth Press, 1958), 169, citado en Hill, *The Wilberforce Connection*, 47.
4. Citado en Hennell, *John Venn*, 179 citado en Hill, *The Wilberforce Connection*. Como puede ver, estoy en deuda con la maravillosa obra de Clifford Hill, *The Wilberforce Connection* por su valiosa investigación sobre este tema. Mi amiga Lady Susie Sainsbury me lo regaló cuando estaba visitando su casa, ya que mis planes eran escribir un libro sobre el tema de la reforma. ¡Gracias, Clifford y Susie!
5. Hill, *The Wilberforce Connection*, 28.
6. Stephen McDowell and Mark Beliles, *Liberating the Nations* (Providence Foun).
7. Miller, *Discipling Nations*, 139 (ver cap. 4, n. 1).
8. Charles Colson y Nancy Pearcey, *How Now Shall We Live?* (Tyndale House Publishers, Inc., 1999), 171. Colson y Pearcey hacen un excelente trabajo de definir el efecto que tuvo Rousseau en la revolución y en la sociedad.
9. Aunque hablo con bastante fuerza *contra* los principios de la Revolución Francesa con respecto a la enseñanza de Rousseau, también estoy fuertemente *a favor* del pueblo francés y siento que al ver este tema debemos tener también en nuestras mentes y corazones el estupendo trabajo que los hugonotes hicieron por la libertad religiosa.
10. Michael Crichton, "Why Politicized Science Is Dangerous," Appendix A *State of Fear:* (Harper Collins, 2004), 575–80.
11. McDowell and Beliles, *Liberating the Nations*, 54.
12. James S. Bell Jr. and Tracy Macon Sumner, *The Reformation and Protestantism* (Alpha Books, 2002), 157.
13. *Religion, Pluralism, and Public Life* Luis E. Lugo, ed., (William B. Eerdmans Pub).
14. Abraham Kuyper, *Het calvinisme. Oorsprong en waarborg onzer constitutioneele vrijheden* (Amsterdam: Van der Land, 1874), 45, citado en De Bruijn, "Calvinism and Romanticism," en Lugo, *Religion*, 53.

15. Aleksandr Solzhenitsyn, "Men Have Forgotten God," *National Review* (July 22, 1983), 872, citado en Breese, *Seven Men*, 74 (ver cap. 5, n. 7).

16. Charles Colson ha comenzado un forum increíble para la formación de tales líderes en su Programa Centurions. Él afirma la necesidad de tal formación al citar a George Barna: Solamente un 9 por ciento de creyentes tienen una perspectiva bíblica de verdades morales absolutas. Para más información, visitar su página web: *www.breakpoint.org* (2007).

Capítulo Ocho

1. James Strong, *Enhanced Strong's Lexicon* (Woodside Bible Fellowship, 1996) #H7235, s.v., "*rahbah*."

2. Ibid., #4390, s.v., "*mala*."

3. Ibid., #3533, s.v., "*kabash*."

4. *Nelson's New King James Version Study Bible* (Thomas Nelson).

5. Strong, #7287, s.v., "*radah*."

6. *Nelson's NKJV Study Bible*, 6, (énfasis de la autora).

7. Miller, *Discipling Nations*, 114.

8. Tom Rose, *Economics: Principles and Policy From a Christian Perspective* (American Enterprise Publications).

9. Mi agradecimiento a Jerry Tuma de Cornerstone Financial Services por la información en esta sección.

10. A propósito, Keynes era ateo y socialista fabian que creía que todos los problemas del mundo se resolverían un día por un gobierno global y socialista. Debemos ver el mundo con los lentes de un Dios ilimitado, no con las limitaciones temporales de nuestra provisión de recursos.

11. *The American Heritage Dictionary of the English Language*, 4a edición (Houghton Mifflin Company, 2006), s.v., "usura".

12. El Dr. Gary North tiene algunos comentarios interesantes sobre el dinero y la banca en su libro *Honest Money: Biblical Principles of Money and Banking* (Christian Liberty Press, 1986).

13. Ibid., 81.

14. "Souls at War," *Newsweek*, 20 de noviembre de 1995, 59, citado en Miller, *Discipling Nations*, 115 (ver cap. 4, n. 1).

15. Este capítulo no pretende entrar en todas las intrigas globales y políticas que se han producido en todo el mundo; sin embargo, hay algunas cosas interesantes que se han escrito con respecto a sistemas bancarios como la Reserva Federal. Permítame decir solamente esto: no es un banco federal, sino central, y no un fondo de reservas en absoluto. Para quienes estén interesados en ahondar más, hay cierto número de libros escritos sobre el tema del Sistema de Reserva Federal, siendo uno de ellos el de G. Edward Griffin, *The Creature from Jekyll Island* (American Media).

Capítulo Nueve

1. Cindy Jacobs, *Possessing the Gates of the Enemy* (Chosen Books).
2. James Goll, *The Lost Art of Intercession* (Destiny Image).
3. Hay algunos teólogos de la era medieval, como Pseudo-Dionisius en el siglo IV ó V, que proponen que los tronos mencionados en este pasaje de Daniel 7:9 se referían a los seres de Ezequiel 1:15–21. Estos seres celestiales son increíbles en sus poderes y podrían ser las "autoridades" puestas sobre naciones.
4. Para más información sobre este tema, favor de leer mi explicación en *Conquistemos las puertas del enemigo, Possessing the Gates of the Enemy*, 104–10.
5. Dutch Sheets, *La oración intercesora, Intercessory Prayer* (Regal Books).
6. El material de George Otis Jr. puede obtenerse mediante su ministerio: *The Sentinel Group*. Su libro, *Informed Intercession: Transforming Your Community Through Spiritual Mapping and Strategic Prayer* (Renew, 1999) es un excelente manual sobre cómo mapear espiritualmente una zona.
7. Debería entenderse que uno no debe estar implicado en ningún pecado conocido cuando comience este tipo de oración. No lo intente si lo está, porque solamente se abrirá usted mismo al ataque espiritual. Para más información sobre esto, vea mi libro *Possessing the Gates of the Enemy*, particularmente el capítulo 3: "The Clean Heart Principle" (El principio del corazón limpio).
8. Para más información sobre el ayuno, hay veintiuna referencias a él en *Possessing the Gates of the Enemy*.
9. *The Homosexual Manifesto* (El manifiesto homosexual) fue introducido en los registros del congreso en 1987.
10. "Production Code," *Wikipedia, the free encyclopedia, www.en.wikipedia.org*.

Capítulo Diez

1. Dietrich Bonhoeffer, *The Cost of Discipleship* (Touchstone Publications).
2. Eberhard Bethge, *Friendship and Resistance* (Eerdmans Publishing Co.) 19, citado en "Review of Eberhard Bethge, Friendship and Resistance," *The Bonhoefferian, www.dietrichbonhoeffer.com*.
3. Susan B. Anthony, que fue arrestada en los Estados Unidos por votar cuando era ilegal que las mujeres lo hicieran, citado de la vieja máxima de la Guerra Revolucionaria: "La resistencia a la tiranía es obediencia a Dios".
4. Bonhoeffer, *The Cost of Discipleship*, 43.
5. Toby Mac and Michael Tait, *Under God* (Bethany House Publishers).
6. Jaeson Ma, *The Blueprint* (Regal Books, 2007), 174.
7. Charles G. Finney, *Freemasonry* (A & B Books Pub.).
8. Schaeffer, *Christian Manifesto*, 66 (ver cap. 6, n. 1).
9. Lucy G. Barber, *Marching to Washington* (Un. California Press).
10. Una nota especial de gratitud a Mary Jo Pierce por hacerme este regalo especial un año para mi cumpleaños.
11. Harold Begbie, *The Life of General William Booth* (The Macmillan Company).
12. Rod Parsley, *Silent No More* (Charisma House).

Acerca de la autora

CINDY JACOBS es una de las líderes más conocidas en el movimiento de oración moderno, que enfatiza la intercesión, el arrepentimiento y la renovación a nivel mundial. Ella y su esposo Mike son los fundadores de los Generales Internacionales, quienes trabajan para lograr una transformación social a través de la intercesión y del ministerio profético. Cindy ha escrito muchos libros muy vendidos, que incluyen *La vida sobrenatural*, *El manifiesto de la reforma*, *El poder de la oración persistente* y *Líbranos del mal*. Su programa de televisión, *God Knows,* se puede ver en los Estados Unidos en el canal *God Channel*, así como en todo el mundo. Ella viaja e imparte conferencias internacionales a cientos de miles de personas cada año en iglesias y centros de conferencias. Cindy y Mike tienen dos hijos adultos y cuatro nietos. Residen en Dallas, Texas.

LIBROS DE
CINDY JACOBS

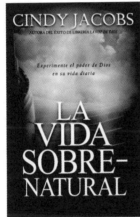

CASA CREACIÓN

Para vivir la Palabra
www.casacreacion.com

PRESENTAN:

Para vivir la Palabra

www.casacreacion.com

Te invitamos a que visites nuestra página web, donde podrás apreciar la pasión por la publicación de libros y Biblias:

www.casacreacion.com

 @CASACREACION

 @CASACREACION

 @CASACREACION

Para vivir la Palabra